D1734739

Hexen-ABC

Enzyklopädie und Rezepturen
aus Feld, Wald und Wiese

Hexen-ABC

Enzyklopädie und Rezepturen
aus Feld, Wald und Wiese

OTUS

Inhalt

Kapitel 4
Rezepte für Düfte und
Räucherwerk 150

10

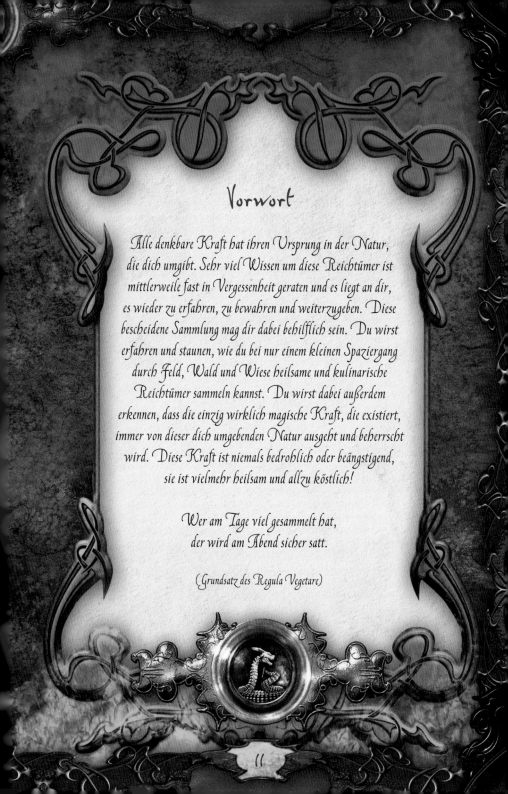

Vorwort

Alle denkbare Kraft hat ihren Ursprung in der Natur, die dich umgibt. Sehr viel Wissen um diese Reichtümer ist mittlerweile fast in Vergessenheit geraten und es liegt an dir, es wieder zu erfahren, zu bewahren und weiterzugeben. Diese bescheidene Sammlung mag dir dabei behilflich sein. Du wirst erfahren und staunen, wie du bei nur einem kleinen Spaziergang durch Feld, Wald und Wiese heilsame und kulinarische Reichtümer sammeln kannst. Du wirst dabei außerdem erkennen, dass die einzig wirklich magische Kraft, die existiert, immer von dieser dich umgebenden Natur ausgeht und beherrscht wird. Diese Kraft ist niemals bedrohlich oder beängstigend, sie ist vielmehr heilsam und allzu köstlich!

Wer am Tage viel gesammelt hat,
der wird am Abend sicher satt.

(Grundsatz des Regula Vegetare)

„Wer mich ganz kennenlernen will, muss meinen Garten kennen.
Denn mein Garten ist mein Herz."

Da du für die meisten Beschwörungen und Heilrezepte sowie Zauber= und Räucherrituale Kräuter und andere Pflanzen benötigst, empfiehlt es sich, die wichtigsten Hexenpflanzen selbst im Garten, auf dem Balkon oder auf der Fensterbank anzubauen und sich so einen kleinen Vorrat an „Hexenkräutern" anzulegen.

Immer frisch und griffbereit

Zwar kann man viele der typischen Küchenkräuter im Supermarkt kaufen, doch vor allem Hexenkräuter entfalten erst frisch geerntet ihr natürliches Aroma und ihre heilkräftige Wirkung. Mit dem eigenen Hexengarten hast du die gewünschten Hexen= und Heilpflanzen wenn benötigt immer griffbereit – und das in einer weit größeren Auswahl. Mit ihrem bezaubernden Anblick und ihren berauschenden Düften bereichern sie nicht nur den heimischen Garten, sondern auch Balkone, Terrassen und Blumenkästen und =töpfe auf der Fensterbank. Auf diese Weise kannst du dir nach der Ernte auch gleich deinen eigenen Vorrat an Hexenkräutern anlegen, indem du die Kräuter trocknest, einfrierst oder auf eine andere Weise konservierst.

Magische Wirkung der Hexenpflanzen im Garten

Verschiedene Pflanzen entfalten schon im Garten ihre magische Wirkung. Zu den Schutzpflanzen im Garten gehören z. B. Holunder, Weißdorn, Angelika, Linde und Fenchel. So gilt der Holunder etwa als Sitz der Hausgeister und soll Haus und Hof z. B. gegen schwarze Magie und alles Böse schützen. Vor den Hauseingang oder den Garten gepflanzt soll er vor Blitzschlag, bösen Mächten und schwarzer Magie behüten und den Bewohnern des Hauses Wohlstand bescheren. Ebenso soll ein Weißdornstrauch vor dem Haus vor Sturm und Blitz sowie vor bösen Geistern bewahren. Dem Gundermann wird nachgesagt, er besitze einen guten Pflanzengeist, der Schadzauber abwehren könne. Am Standort eines Wacholderbaums sollen weder böse Hexen noch der Teufel ihre Macht ausüben können. Manche Pflanzen wiederum sollen sogar magische Wesen anziehen. So locken Gänseblümchen im Garten angeblich Devas (Pflanzengeister) an. Rosmarin hat, so sagt man, eine anziehende Wirkung auf Elfen und auch die Rose soll im Garten ein Magnet für Elfen und Feen sein. Als ein Sitz der Feen gilt auch der Weißdorn, und den Holunder bewohnen angeblich je nach Quelle und Glauben ein Gott oder eine Göttin, Dämonen und Geister oder Zwerge. Auch der Wacholder wird mit Zwergen in Verbindung gebracht.

Der richtige Standort

Wie die meisten Kräuter mögen auch Hexenkräuter durchlässige, humose Böden und sonnige, helle Lagen, am besten einen südlich ausgerichteten Platz in der Mittagssonne. Der Boden sollte weder zu stark verdichtet noch zu lehmhaltig sein, sondern durchlässig und frei von Staunässe. Unbedingt zu vermeiden ist Zugluft. Findet sich kein windgeschützter Standort im Garten, empfiehlt es sich, für einen Windschutz, etwa in Form einer niedrigen Hecke (z. B. aus Buchsbaum) oder eines Lattenzauns, zu sorgen. Lange Wege ersparst du dir, wenn sich das Kräuterbeet in Hausnähe bzw. in der Nähe eines Wasserhahns befindet.

Meist reicht für das Hexenkräuterbeet im heimischen Garten eine Fläche von 2–4 m² vollkommen aus. Hast du mehr Platz zur Verfügung und scheust auch die Arbeit nicht, können es auch 8–12 m² sein. Der Kräutergarten sollte allseitig zugänglich sein, d. h. wenn das Beet größer ist, müssen kleine Wege, etwa aus Trittsteinen, angelegt werden. Für Randbepflanzungen oder die Platzierung an Wegen eignen sich robuste Pflanzen wie Gänseblümchen, Schafgarbe und Kamille, die auch einmal den einen oder anderen versehentlichen Tritt vertragen.

Licht und Wasser, die Grundbedürfnisse jeglichen Lebens

Die Standortwahl hängt in erster Linie von den individuellen Bedürfnissen der Pflanzen ab. Viel Sonne benötigen z. B. Dill, Melisse und Beifuß. Veilchen lieben es halbschattig. Halbschattige bis schattige Standorte bevorzugen Bärlauch und Liebstöckel und der Waldmeister benötigt sogar einen gänzlich schattigen Standort. Die meisten Hexenkräuter wachsen und gedeihen aber an halbschattigen bis sonnigen Standorten. Damit alle Pflanzen im Beet genug Licht erhalten, empfiehlt es sich, die Kräuter nach Wuchshöhe anzuordnen. Kleinere Pflanzen sollten im Randbereich bzw. an der Südseite, großwüchsige Kräuter in der Beetmitte bzw. an der Nordseite platziert werden. Ein weiteres Kriterium für die Zusammenstellung von Hexenkräutern kann der Wasserbedarf sein. Auf diese Weise erleichterst du dir das Gießen. Während einige Kräuter wie Rosmarin und Thymian

z. B. wenig Wasser benötigen, haben andere wie beispielsweise Baldrian, Beifuß oder Pfefferminze einen höheren Flüssigkeitsbedarf.

Pflanzenkombinationen für magische Zwecke

Folgende Pflanzen harmonieren miteinander und lassen sich gut für verschiedene magische Zwecke zusammen pflanzen:
Schutz: Beifuß (gegen Neid und Hass), Schafgarbe (für Tiere und Kinder), Johanniskraut (gegen Unheil)
Geschäftlicher Erfolg: Rosmarin (für Wohlstand), Thymian (für häusliches Glück), Sonnenblume (für erfolgreiches Gelingen)
Liebe: Ringelblume (für Neubeginn), Lavendel (für Verführung), Salbei (gegen Liebeskummer)

Aus der Erden, Kraft und Leben

Damit sich die Hexenkräuter im Beet wohlfühlen und prächtig entwickeln, sind auch die Bodenverhältnisse wichtig. So bevorzugen z. B. Kamille, Salbei und Johanniskraut sandige oder kiesreiche, also eher trockene Böden. Diese sind auch für Spitzwegerich, Lavendel, Knoblauch und Schafgarbe gut geeignet. Ein humoser, durchlässiger Boden bietet für die meisten Kräuter gute Wachstumsbedingungen. Selbst Hexenkräuter, die eher an trockenere, nährstoffarme Verhältnisse gewöhnt sind, wie Rosmarin und Thymian, können hier gut gedeihen. Auf wechselfeuchtem Grund in Gegenden mit häufigen Niederschlägen, die teils feucht, teils aber auch sehr trocken sind, können gut heimische Kräuter wie Dill gepflanzt werden. Feuchte Böden eignen sich für z. B. Sauerampfer, Brennnessel, Löwenzahn oder Baldrian. Wer im heimischen Garten nicht die nötigen Boden- und Nährstoffverhältnisse vorfindet, kann die Erde entsprechend behandeln, sie z. B. bei Trockenheit mit natürlichem Dünger oder Kompost verbessern oder es bei Feuchtigkeit mithilfe einer Dränage aus Kies oder Splitt versuchen, damit das Wasser besser ablaufen kann. Hierfür werden an verschiedenen Stellen in der Erde Dränagelöcher angelegt, die mit einer Kies- oder Splittschicht und darüber mit einer Schicht Erde aufgefüllt werden. Einen zu lehmigen Boden kannst du mit Sand wasserdurchlässiger machen, ein zu sandiger kann umgekehrt mit Lehm vermischt verbessert werden. In beiden Fällen kannst du die Erde auch mit Humus oder Kompost vermischen (ca. 4 Schaufeln Kompost auf 1 m2 Erde). Kompost wird in einer ca. 2 cm dicken Schicht auf dem vorbereiteten Beet verteilt, Lehm, Sand oder Humus in einer ca. 5 cm dicken Schicht. Anschließend werden die Materialien sorgsam mit der Grabeforke eingearbeitet und mit der Erde vermengt. Am besten, man beginnt mit der Bodenvorbereitung im Spätherbst, damit die Bodenstruktur sich genug neu aufbauen kann.

Formenvielfalt für jeden Zweck

Bei der Gestaltung deines Hexenkräuterbeets sind deiner Fantasie keine Grenzen gesetzt. Du kannst die Pflanzen z. B. in Reihen anordnen, in Rabatten entlang des Weges, in Schachbrettform oder anderen geometrischen Formen wie Quadrat-, Rechteck- oder Kreuzform. Sehr hübsch ist auch die Wagenradform, bei der die einzelnen „Speichen" die verschiedenen Kräutersegmente von der Mitte aus trennen. Einzelne Beetabschnitte kannst du mit Ziegelsteinen oder Steinfliesen abtrennen. Besonders praktisch sind Formen in verschiedenen Höhen, wobei oben die Sonnenliebhaber angeordnet werden und weiter unten diejenigen, die auch einmal mehr Wasser vertragen können. Denkbar ist z. B. ein Kräuterhügel in Dreiecksform mit der Spitze als höchstgelegenem Punkt des Kräuterdreiecks. Auch eine Kräuterschnecke, die in Spiralenform mit Natursteinen angelegt wird und zur Mitte hin immer höher wird, ist eine beliebte Form des Anbaus. Ein Hochbeet ist besonders rückenfreundlich bei der Pflege und kann mit verschieden aufbereiteter Erde gefüllt werden. Hierzu wird eine rechteckige Fläche abgesteckt und mit einer ca. 0,5–1 m hohen Naturstein- oder Holzbalkenmauer umgrenzt. Anschließend wird das Beet mit Gartenerde befüllt. Deine Hexenkräuter können jedoch auch in einer Kräuterwiese oder im Blumen- oder Gemüsebeet ihren Platz finden.

Die Magie der Formen und Symbole

Magische Symbole haben eine große Bedeutung in der Bildersprache der Hexen. Wähle für dein Beet eine Form, die zu deinem Vorhaben und zu dir selbst passt. Du kannst die Symbole auch nutzen, um damit Tritt- oder Umrandungssteine persönlich zu kennzeichnen.

Spirale: Die Spirale – man denke an die beliebte Kräuterspirale – bedeutet Wissen, Energie und Erneuerung.

Dreieck: Weist die Spitze nach oben, steht das Dreieck für Geist und aktive Kraft, weist sie nach unten, symbolisiert es Bodenständigkeit, Fruchtbarkeit und Realitätsverbundenheit.

Kreis: Der Kreis drückt die Unendlichkeit aus. Er steht für Schutz und Beständigkeit. Schwächliche Pflanzen sollen gekräftigt werden, wenn man um sie herum kreisförmig größere Kieselsteine auslegt, weil sich so die Erdenergie konzentriert.

Spezielle Formen des Hexengartens

Rosmarin, Lavendel oder Thymian können auch gut an einem Hang in Steingärten oder Trockenmauern angepflanzt werden. Der Hang muss dazu an der Süd-, West- oder Ostseite des Gartens liegen. Bei einem Steingarten werden am Hang terrassenförmige Reihen aus Naturstein angelegt, zwischen denen die Kräuter gepflanzt werden. Trockenmauern stützen einen Hang ab. Hier kann man die Pflanzen an der Oberkante, am Fuß der Mauer oder in die Mauerzwischenräume pflanzen.

Die Kraft des Mondes

In uralten Zeiten – ohne Schädlingsbekämpfungsmittel und exakte Naturwissenschaften – orientierten sich die Menschen und auch die weisen Frauen und Männer für eine ertragreiche Ernte und gesunde, kraftvolle Pflanzen an den Mondphasen. Dieses bewährte Wissen kann man auch heute noch nutzen. Bei zunehmendem Mond etwa wird alles gepflanzt und gesät, was nach oben wächst. Umgekehrt gedeiht alles, was nach unten wächst, am besten, wenn es bei abnehmendem Mond gesät oder gepflanzt wird. Heilkräuter wachsen am besten, wenn sie bei Neu- oder Halbmond im Zeichen von Krebs, Fische oder Skorpion ausgesät oder angepflanzt werden. Knoblauch wird am besten im Sternzeichen von Schütze und Skorpion angebaut, Baldrian im Zeichen von Zwillingen und Jungfrau, Salbei im Zeichen von Fischen, Skorpion und Krebs. Die ersten Tage des Neumonds eignen sich zum Aussäen oder Anpflanzen schlecht. Bei abnehmendem Mond im Löwen, Schützen und Widder können Pflanzen gut gedüngt und umgepflanzt werden. Bei Neumond kann man Pflanzen gut zurückschneiden, verblühte Pflanzenteile abschneiden oder Schädlinge bekämpfen. Bei zunehmendem Mond und Vollmond empfiehlt sich generell die Ernte und bei abnehmendem Mond grundsätzlich das Trocknen von Pflanzen. Zudem sagt man, Blüten sollten an Lufttagen (Mond im Wassermann, in der Waage und in den Zwillingen), Früchte an Feuertagen (Mond im Schützen, Löwen und Widder), Wurzeln an Erdtagen (Mond im Stier, Steinbock und in der Jungfrau) und Blätter an Wassertagen (Mond in den Fischen, im Krebs und im Skorpion) geerntet werden. Bei Vollmond kannst du zudem die geernteten Kräuter und Früchte nachts dem Mondlicht aussetzen, damit sie die Mondenergie aufnehmen können.

Kauf von Jungpflanzen und Saatgut

Beim Pflanzen- und Samenkauf solltest du auf gute Qualität achten, die auch schon einmal etwas teurer sein kann. Vor allem aus südlichen Ländern stammende Pflanzen sind hierzulande schwer oder gar nicht aus Samen heranzuziehen. Als Jungpflanzen kaufst du daher am besten Salbei, Lavendel, Rosmarin, Thymian, Liebstöckel, Pfefferminze und Melisse. Zur Aussaat ins Beet eignen sich z. B. Kamille, Dill, Fenchel oder Schafgarbe. Achte bei Kräutersamen auf das Haltbarkeitsdatum auf der Verpackung und bei Jungpflanzen auf Schädlings- und Unkrautfreiheit, frische, grüne Blätter und viele Triebe am Wurzelstock.

Ohne Schweiß kein Hexenerfolg

Wenn du erst einmal festgelegt hast, wo sich dein Beet befindet und wie groß es werden soll, steckst du das Beet (bei einem Reihenbeet oder einer geradlinigen geometrischen Form) mit einer Gartenschnur und den dazugehörigen Hölzern, die am Ende des Beets in den Boden gesteckt werden, in der gewünschten Größe ab. Verlege Pflastersteine oder Platten vor der Pflanzung und lege für Wege aus Rindenmulch, Kies oder anderem losen Material Begrenzungen an, die zur späteren Abstreuung der Wege nach der Pflanzung dienen. Lockere dann den Boden tiefgründig mit dem Spaten oder der Grabeforke. Entferne dabei größere Steine und Wurzeln. Ebne dann die Fläche mit dem Rechen. Zerkleinere Erdschollen und Erdklumpen und entferne größere Steine und Wurzelstücke vom Beet.

Hexenkräuter pflanzen

Grabe in ausreichend großen Abständen (je nach Größe des Wurzelballens mindestens 20 cm) mit der Handschaufel Löcher in den Boden und pflanze die Jungpflanzen ein, sodass sie mit der Erdoberfläche abschließen. Berücksichtige bei den Pflanzabständen auch, wie weit sich die Pflanzen später beim Wachsen ausbreiten. Zum Wuchern neigende Pflanzen können in einem Tontopf ins Beet gesetzt werden. Fülle die Löcher mit Anzuchterde oder frischem Substrat auf und drücke die Erde um die Pflanzen gut an. Anschließend schlämmst du die Kräuter mit einem kräftigen Strahl aus der Gießkanne ein (Vorsicht: Ballen nicht freischwemmen) und ebnest das Beet ein weiteres Mal ein. Halte den Boden vor allem in den ersten Wochen nach dem Einpflanzen ausreichend feucht, damit die Pflanzen gut einwurzeln.

Hexenkräuter direkt aussäen

Man unterscheidet zwischen ein- und mehrjährigen Kräutern. Einjährige Kräuter wie Kerbel, Dill, Kresse und Schnittsellerie werden bei ausreichend trockener Erde und warmem Wetter im Mai ausgesät. Wintergrüne, in der Regel zweijährige Kräuter, sät man im Spätsommer und Frühherbst aus und bedeckt sie vor dem ersten Schnee locker mit Fichtenzweigen. Bei der Aussaat ist zwischen Licht- und Dunkelkeimern zu unterscheiden. Beachte dazu die Angaben auf den Samentüten. Lichtkeimer wie Dill, Kamille oder Minze werden nach dem Aussäen (breitwürfig oder in Reihen) nur leicht im Boden angedrückt und zum Schutz vor Austrocknung nur hauchdünn mit Erde bedeckt bzw. bis zum Auflaufen mit einem Stück Gartenvlies bedeckt. Für die Aussaat von Dunkelkeimern wie Basilikum, Schnittlauch oder Borretsch ziehst du im Beet ca. 3–5 cm tiefe Furchen. Die hierin ausgesäten Samen werden mit Erde bedeckt und vorsichtig leicht angegossen. Zum Keimen benötigen die Samen ausreichend Feuchtigkeit und Wärme. Daher empfiehlt es sich, die Samen leicht mit Mulch zu bedecken. Nach der Aussaat empfiehlt es sich, die Kräuter mit Namensschildern zu kennzeichnen.

Hexenkräuter in Töpfen und Kästen

Für den Hexengarten auf dem Balkon sind sonnige Südbalkone und halbschattige Ost- und Westbalkone geeignet. Passende Gefäße bekommst du im Baumarkt oder im Gartenfachhandel. Je nach Geschmack kannst du zwischen Holz-, Ton-, Metall-, Steingut- oder Kunststoffgefäßen wählen. Achte jedoch auf jeden Fall auf einen guten Wasserabfluss. Auf dem Kübelboden ausgelegte Tonscherben dienen als Dränage und vermeiden Staunässe und tragen damit zu einer guten Wurzelbildung bei. Töpfe haben den Vorteil, dass jede Sorte einen eigenen Topf erhalten kann, was es für dich leichter macht, deinen Pflanzen die idealen Standortbedingungen zu bieten. Möchtest du in Blumenkästen oder -kübeln mehrere Sorten zusammen pflanzen, musst du darauf achten, solche Kräuter zu kombinieren, die die gleichen Standortansprüche haben. Für hochwachsende Kräuter wie Liebstöckel oder Rosmarin benötigst du einen Einzeltopf, andere Kräuter kannst du zu 5 oder 6 Pflanzen in einen 60–70 cm langen Balkonkasten zusammen pflanzen. Für große Töpfe eignen sich z. B. auch Melisse und Salbei sowie durch regelmäßigen Beschnitt klein gehaltener Thymian und Lavendel. Wichtig ist es auch, tonhaltige Erde zu verwenden, um die Kräuter mit ausreichend Nährstoffen zu versorgen.

Wässern, Pflegen und Düngen

Das regelmäßige Gießen ist vor allem bei Neuaussaaten und jungen Pflanzen wichtig. Später benötigen die meisten Hexenkräuter (Ausnahmen sind z. B. Engelwurz, Pfefferminze, Liebstöckel, Beinwell) nur wenig Wasser. Daher solltest du unbedingt ein Überwässern vermeiden. Bei großer Sommerhitze benötigen die Pflanzen ebenso wie bei sehr sandigen, durchlässigen Böden mehr Feuchtigkeit als normalerweise. Es empfiehlt sich, das Gießwasser in der Kanne eine Zeitlang stehen zu lassen, damit es sich der Tagestemperatur anpasst. Gegossen wird am besten vormittags, denn in der Mittagshitze drohen den Kräutern Verbrennungsschäden, am Abend können die Pflanzen in kalten Nächten faulen. Ebenso sparsam ist im Regelfall mit Dünger umzugehen. Normalerweise reicht eine Kompostdüngung im Frühjahr. Mehrjährige, nicht winterharte Kräuter wie Lorbeer oder Rosmarin müssen vor Frostbeginn ins Haus geholt und den Winter über in einem kühlen hellen Raum aufgestellt werden.

Hexenkräuter richtig ernten

Zur Ernte wählt man einen warmen, trockenen Tag, am besten nach einem Regentag und am späten Vormittag, wenn die Blätter noch frisch und saftig sind. Blätter und Sprossen können während der gesamten Wachstumsphase geerntet werden, am besten jedoch vor der Blüte. Blüten werden in der Regel geerntet, nachdem sie sich geöffnet haben. Zur Samenernte schneidet man im Sommer oder im Frühherbst den gesamten Fruchtstand ab. Wurzeln können das ganze Jahr über geerntet werden. Sehr harte Stängel werden mit einem scharfen Messer oder einer Schere abgeschnitten. Ansonsten empfiehlt sich das vorsichtige Pflücken mit der Hand. Am besten sammelt man die Kräuter locker aufeinandergeschichtet in einem luftdurchlässigen Korb (auf keinen Fall Plastikbehälter!).

Sei achtsam bei Pflege und Ernte

Pflanzen sind lebende Wesen und übernehmen die Empfindungen ihrer Umwelt. Die Reaktion der Pflanzen auf äußerliche Reize ist inzwischen sogar wissenschaftlich nachgewiesen. So kannst du durch Berühren oder Reden die Gesundheit und das Wachstum positiv beeinflussen oder, wenn du schon weißt, wozu du die Pflanze später verwenden willst, sie dadurch mit der entsprechenden Energie aufladen. Auch Musik kann helfen, eine Pflanze in eine bestimmte Stimmung zu versetzen. Achte einfach darauf, welche Stücke in welcher Weise auf dich selbst wirken. Unterschätze auch nicht die Macht der Gedanken: Konzentriere dich öfter am Tag darauf, wie du dir deine Kräuter wünschst, so steigerst du deine Chancen auf Erfolg. Achtsamkeit ist auch bei der Ernte angebracht. So gaben die alten Kelten ihren Kräutern Namen und entschuldigten sich bei ihnen, bevor sie sie ernteten. Auch gaben sie einige Samen an die Natur zurück, damit sich diese wieder regenerieren konnte. Das kann dir gut als Inspiration dienen, deinen Pflanzen Respekt zu erweisen und dich für ihre Hilfe für deine Vorhaben zu bedanken. Kieselsteine oder bunte Windspiele zwischen den Kräutern sollen die Naturgeister anlocken. Für die Kräuterernte benutzen Hexen traditionellerweise eine Boline, ein sehr scharfes Messer mit einem weißen Griff, aber du kannst auch ein anderes scharfes Messer verwenden.

Erntemythen der Hexenmagie

Viele Kräuter – wie Holunderblüten, Johanniskraut, Kamille, Beifuß, Salbei und Lavendel – sollen zu Mitsommer gepflückt ihre größte Kraft entfalten. Auch Eisenkraut wird traditionellerweise an Mittsommer oder bei Aufgang des Sirius (Hundsstern) bei Neumond oder abnehmendem Mond vor Sonnenaufgang geerntet. Hagebutten, Holunder und viele Waldfrüchte werden besonders gern an Mabon (Herbst-Tag-und-Nacht-Gleiche, 21. oder 23. September) gesammelt. Auch der Johannistag (24. Juni) soll ein besonders guter Termin zur Holunderernte sein. An Beltane (30. April/1. Mai) gepflückt, soll er eine besondere Wirkung in Bezug auf Magie und Heilung haben.

Kräuter einfrieren

Kräuter verwendet man wegen des Aromas und der Wirkung am besten frisch. Sollen sie jedoch als Vorrat dienen, können sie getrocknet oder eingefroren werden. Am einfachsten gelingt das Einfrieren, wenn du die Kräuter in einen Eiswürfelbehälter gibst, mit Wasser übergießt und den Behälter ins Gefrierfach legst. Anschließend in einen Gefrierbeutel umfüllen und im Gefrierfach lagern. Das Einfrieren ist besonders für aromatische, saftige Kräuter wie Minze, Liebstöckel oder Sauerampfer geeignet.

Blätter, Blüten und Früchte trocknen

Besonders für die Herstellung von Tees und Gewürzen hat sich das Trocknen bewährt. Zum Trocknen werden Blätter und Triebe ungewaschen und gebündelt an einem warmen, schattigen, trockenen und gut durchlüfteten Ort aufgehängt. Blätter, Früchte und Blüten können auch auf einem mit Mull oder Küchenkrepp ausgelegten Draht- oder Holzrost getrocknet werden. Die Pflanzenteile sollten sich dabei nicht überlagern und öfter gewendet werden. Vor dem Befüllen von Vorratsbehältern solltest du die getrockneten Pflanzenteile unbedingt auf Fäulnis und Schimmel überprüfen. Nach einigen Tagen, wenn die getrockneten Blätter bei Berührung hörbar knistern, werden sie zerbröselt und in dunkle, dicht schließende Glas- oder Keramikgefäße gefüllt.

Wurzeln trocknen

Wurzeln werden gewaschen, längs in Scheiben geschnitten und mit einer Nadel auf einen Faden gezogen. Sie werden ebenfalls an einen warmen, trockenen Ort gehängt, ohne dass sie sich dabei berühren. Erscheinen sie trocken, wird der Prozess im Backofen oder auf einem Rost vollständig weitergeführt. Die zerkleinerten Pflanzenteile können auch durch Dörren in einem Dörrapparat bei niedriger Temperatur getrocknet werden.

Geschwind sich drehend Jahresrad,
Nimm mich mit auf deiner Fahrt,
Auf der Reise stets Neuen entgegen,
Sämtlich was war, das soll vergehen.
Der Anfang des Lebens endet im Tod,
Denk daran, es sei dein stetes Gebot.
Magische Spirale und Kreislauf allen Seins,
Jeder und jedes wird im Jahr immer eins.

(Historischer Zauberspruch von 1736
zum Beschwören der Mutter Erde)

Beifuß

Verwendete Teile: Kraut, Wurzel
Erntezeit: Kraut: Juli bis September (während der Blüte), Wurzel: Spätherbst
Heilwirkung: antibakteriell, krampflösend, verdauungsfördernd, menstruationsregulierend, durchblutungsfördernd
Magische Wirkung: Beifuß soll als Amulett getragen die Kräfte stärken. Daneben ist er auch ein Schutzkraut, etwa als Schutz auf Reisen, vor Giften, Sonnenstich und wilden Tieren. Ein Beifußkissen soll Wahrträume begünstigen und als Räucherung Weissagungen unterstützen.
Vorsicht: Nicht in der Schwangerschaft und in der Stillzeit sowie bei Fieber und einer Überempfindlichkeit gegen Korbblütengewächse anwenden.

Dill

Verwendete Teile: Blätter und Samen
Erntezeit: Juni bis September
Heilwirkung: magenstärkend, blähungstreibend, krampflösend
Magische Wirkung: Dill sagt man eine Schutzwirkung vor schwarzer Magie und Gewitter nach. Frischer Dill unter das Kopfkissen gelegt soll Albträumen, Mondsüchtigkeit und Schnarchen vorbeugen. Als Badezusatz soll er anregend wirken und unwiderstehlich machen und auch für Liebestränke hilfreich sein – kurioserweise sowohl für solche, die die Begierde zügeln als auch für solche, die sie steigern sollen.

Eisenkraut

Verwendete Teile: *blühendes Kraut*
Erntezeit: *Juli und August*
Heilwirkung: *antibakteriell, entzündungshemmend, schmerzstillend, krampflösend, blutreinigend*
Magische Wirkung: Eisenkraut ist das klassische Kraut gegen Liebeskummer und soll, in der rechten Hosentasche getragen, Schmerz und Leid vertreiben. Es soll Kriegsverletzungen heilen können und den Tapferen Unsterblichkeit verleihen. Ein mit Eisenkraut gefülltes Amulett über das Bett gehängt, soll den Schlafenden vor Albträumen bewahren. Vergräbt man das Kraut im Garten oder legt es ins Haus, soll dies Wohlstand anziehen.
Vorsicht: In übermäßiger Dosierung kann Eisenkraut zu Erbrechen führen. Nicht während der Schwangerschaft anwenden.

Fenchel

Verwendete Teile: *Früchte, Blätter, Samen, Wurzeln*
Erntezeit: *Frühherbst*
Heilwirkung: *magenstärkend, krampflösend, verdauungsfördernd, antibakteriell, wundheilend*
Magische Wirkung: Fenchelsamen dienen traditionell als Zutat vieler Liebestränke, da sie die Potenz steigern bzw. zurückbringen sollen. Steckt man am Johannistag Fenchel in die Schlüssellöcher, so der Volksmund, werden das ganze Jahr über keine unerwünschten Geister das Haus betreten. Rund ums Haus angebaut, dient er als Schutzpflanze. Zur Abwehr böser Geister wird er an Türen und Fenster gehängt oder als Samen bei sich getragen.
Vorsicht: Fenchelöl keinesfalls bei Säuglingen und Kleinkindern anwenden, da es Atemnot auslösen kann. Auch bei Allergien gegen Fenchel oder Sellerie ist es zu meiden.

Knoblauch

Verwendete Teile: Knolle
Erntezeit: September und Oktober
Heilwirkung: antibakteriell, blutdrucksenkend, krampf- und schleimlösend, stimulierend
Magische Wirkung: Als Amulett getragen, soll der Knoblauch vor dem „bösen Blick"
schützen. Er soll im Haus aufbewahrt Dämonen und böse Geister abwehren. Bereits in
der Antike wurde er zudem als Aphrodisiakum verwendet und sollte Libido und
Potenz steigern.

Kürbis

Verwendete Teile: Fruchtfleisch und Samen
Erntezeit: September bis Dezember
Heilwirkung: harntreibend, abführend, erweichend, beruhigend
Magische Wirkung: Der Kürbis gilt als Fruchtbarkeitssymbol und wird in Japan
auch heute noch als Potenzmittel angesehen. Bekannt ist auch der ursprünglich aus Irland
stammende und heute vor allem in den USA weit verbreitete Brauch, zu Halloween einen
Kürbis auszuhöhlen, ein Gesicht hineinzuschnitzen und von innen mit einer Kerze zu
beleuchten, um böse Geister abzuwehren.
Vorsicht: Zu große Mengen an Kürbiskernen können zu Übelkeit führen.

Lavendel

Verwendete Teile: Blüten und Blätter
Erntezeit: Blüten im Juli, junge Blätter im August
Heilwirkung: beruhigend, blähungs- und harntreibend, antiseptisch, krampflösend
Magische Wirkung: Ein direkt am Körper getragener Beutel mit getrocknetem Lavendel soll eine verführerische Wirkung entfalten und als Tee getrunken dient er als Aphrodisiakum. Eine ebenso anziehende Wirkung sollen mit Lavendel parfümierte Liebesbriefe oder Wäschestücke oder ein unter dem Kissen des Geliebten verstecktes Lavendelsträußchen haben. Der Duft des Lavendels erzeugt Klarheit, Gelassenheit und Frische und soll bei Liebeskummer helfen.
Vorsicht: Nicht in der Schwangerschaft und bei Insulinabhängigkeit verwenden.

Liebstöckel

Verwendete Teile: Blätter, Wurzeln und Samen
Erntezeit: Wurzel: zeitiges Frühjahr bzw. Spätherbst, Samen: Spätsommer, Blätter: Frühjahr
Heilwirkung: verdauungsfördernd, menstruationsregulierend, blähungstreibend, krampflösend
Magische Wirkung: Liebstöckel dient als Zutat anregender Liebestränke und soll zur Verführung als Blätter- und Wurzelabsud oder ätherisches Öl dem Geliebten ins Badewasser gegeben werden. Wer selbst ein Bad mit Liebstöckel nimmt – am besten, bevor er neue Leute kennenlernt –, soll eine große Attraktivität entfalten und sich der Liebe öffnen. Liebstöckel soll zudem gegen Verwünschungen und bösen Zauber helfen.
Vorsicht: Schwangere, Stillende und Nierenkranke sollten auf Liebstöckel verzichten. Auch bei hohem Fieber ist er zu meiden. Bei längerer Verwendung kann er zu einer erhöhten Lichtempfindlichkeit führen.

Pfefferminze

Verwendete Teile: Blätter
Erntezeit: Frühsommer vor der Blüte
Heilwirkung: krampflösend, schmerzstillend, entzündungshemmend
Magische Wirkung: Pfefferminze wird verwendet, um das Lustempfinden anzuregen und Impotenz zu bekämpfen. Traditionell dient sie auch für Heilungs- und Reinigungszauber. Sie soll zudem unter das Kopfkissen gelegt oder als abendliche Räucherung bzw. als Tee zu prophetischen Träumen führen. Im Garten gepflanzt, soll sie Geld anziehen.
Vorsicht: Nicht in der Schwangerschaft oder bei Magengeschwüren verwenden. Einige Menschen vertragen Minze vom Magen her nicht.

Rose

Verwendete Teile: Blüten, Wurzeln, Blätter
Erntezeit: Juni bis August
Heilwirkung: blutstillend, blutreinigend, adstringierend, nervenstärkend
Magische Wirkung: Rosen gelten seit jeher als Liebessymbol. Daher werden sie traditionell zur Herstellung von Liebesmischungen und für Liebeszauber genutzt, z. B. Rosenblütenwasser als Badezusatz von Liebesbädern. Häuslicher Stress soll durch im Haus verstreute Rosenblütenblätter gemildert werden. Im Garten sollen die Rosen Feen und Elfen anlocken.

Rosmarin

Verwendete Teile: Blüten, Blätter, kleine Zweige
Erntezeit: April und Mai (vor der Blüte)
Heilwirkung: krampflösend, magenwirksam, entspannend, durchblutungsfördernd
Magische Wirkung: Als einst der Liebesgöttin Aphrodite geweihte Pflanze wundert
es kaum, dass der Rosmarin in vielen Liebesrezepten und -räucherungen verwendet wird.
Daneben soll er auch beim Abschiednehmen und bei der Trauerarbeit helfen. Zudem wirkt
er sich positiv auf Konzentration und Gedächtnis aus.
Vorsicht: Schwangere sollten die Anwendung meiden.

Salbei

Verwendete Teile: Kraut, Blätter und junge Triebspitzen
Erntezeit: Mai oder September (vor bzw. nach der Blüte)
Heilwirkung: antibakteriell, blutstillend, entzündungshemmend, krampflösend
Magische Wirkung: Das Hexenkraut soll Weisheit, Schönheit, Gesundheit und ein
langes Leben bringen. Es dient der Stärkung des Gedächtnisses sowie als Reinigungs- und
Schutzkraut, etwa durch das Tragen als Schutzamulett oder bei Reinigungsräucherungen.
Vorsicht: Das ätherische Öl kann bei empfindlichen Menschen epileptische Anfälle
auslösen. Salbei sollte nicht in höheren Dosen über längere Zeiträume hinweg eingenommen
werden, da dies zu Vergiftungen führen kann. Während der Schwangerschaft und Stillzeit
sollte es nicht innerlich angewendet werden.

Beifuß-Fußbad bei geschwollenen Füßen

2 Handvoll frisches oder getrocknetes Beifußkraut

Beifußkraut mit 3 Liter Wasser in einem großen Topf kalt ansetzen, 5 Minuten zugedeckt köcheln lassen und durch ein Sieb gießen. Absud in eine Wanne o. Ä. geben, mit warmem Wasser aufgießen und darin ein Fußbad nehmen. Warm wirkt das Fußbad gegen Verkrampfung, Unterleibsstörungen und Kopfschmerzen. Abgekühlt hilft es bei geschwollenen Füßen und müden Beinen.

Dill-Sitzbad bei Hämorrhoiden und Gebärmutterkrämpfen

30 g Dillsamen

Dillsamen zerquetschen, 1 Liter Wasser aufkochen und Dillsamen mit dem kochenden Wasser übergießen. 15 Minuten ziehen lassen und dem lauwarmen Wasser eines Sitzbades zufügen. Wenige Minuten darin verweilen.

Eisenkraut-Wermut-Wein bei Zahnschmerzen und Eiterzähnen

50 g Eisenkraut	500 ml Wein (trocken)	Kompresse (z. B.
50 g Wermutkraut	1 TL Rohrzucker	Mullauflage, Tuch)
		Mullbinde

Kräuter mit dem Wein vermengen, 10 Minuten zusammen kochen, durch ein Sieb gießen (Kräuter aufbewahren) und mit dem Zucker süßen. Wein über den Tag verteilt schluckweise warm trinken. Warme Kräuter (auf eine angenehme Temperatur abgekühlt) auf eine Kompresse geben, über dem schmerzenden Kiefer bzw. dem Entzündungsherd mit einer Mullbinde fixieren und eine halbe bis eine Stunde (notfalls auch über Nacht) auf der schmerzenden Stelle lassen. Die Selbstbehandlung ersetzt allerdings keinen Zahnarztbesuch!

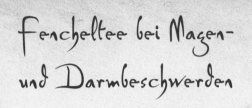

Fencheltee bei Magen-
und Darmbeschwerden

2 TL Fenchelfrüchte

Fenchelfrüchte in einem Mörser zerstoßen. Wasser für 1 Tasse (ca. 250 Milliliter)
zum Kochen bringen und zerstoßene Fenchelfrüchte heiß (nicht kochend!) überbrühen.
Ca. 10 Minuten ziehen lassen und durch ein Sieb gießen. Bei Verdauungsstörungen
ungesüßt trinken.

Knoblauch-Kompresse bei Warzen und Hühneraugen

2 Knoblauchzehen
Mulltuch

Knoblauchzehen auspressen, Kompresse mit dem Saft tränken und zusammen mit den ausgepressten Knoblauchzehen morgens und abends einige Stunden auf die betroffene Stelle legen, bis die Warzen bzw. Hühneraugen verschwunden sind (in der Regel ca. nach 10–14 Tagen).

Kürbiskernumschlag bei akuten Gelenkentzündungen, Prellungen und Verstauchungen

50 g Kürbiskerne
5 ml Kürbiskernöl

sauberes, altes
Baumwolltuch

Mullbinde

Kürbiskerne im Mixer zermahlen und gut mit dem Kürbiskernöl zu einem streichfähigen Brei vermischen. Diesen auf einem sauberen Baumwolltuch verstreichen und auf dem betroffenen Gelenk auflegen. Mit einer Mullbinde fixieren. Mindestens eine Viertelstunde einwirken lassen, dann Umschlag entfernen und Haut abspülen. Behandlung bei Bedarf nach einiger Zeit wiederholen.

Lavendelbad bei Ruhelosigkeit, Einschlafstörungen und Stress

60 g Lavendelblüten

Lavendelblüten in einem Topf mit 3 Liter Wasser kalt ansetzen, zum Kochen bringen und 5–10 Minuten zugedeckt kochen lassen. 15 Minuten ziehen lassen. Anschließend durch ein Tuch gießen und auspressen. Absud möglichst heiß dem warmen Badewasser hinzugeben. Bei einer Wassertemperatur von 37–38° C ca. 10–15 Minuten ein Vollbad nehmen. Danach wenn möglich eine Stunde ruhen oder gleich zu Bett gehen. Hilft auch gegen Muskelkater und rheumatische Beschwerden.

Liebstöckel-Tee bei Sodbrennen, Aufstoßen, Völlegefühl und Katerbeschwerden

2 TL Liebstöckelwurzeln

Liebstöckelwurzeln klein schneiden, Wasser für 1 Tasse (ca. 250 Milliliter) zum Kochen bringen und die Wurzeln damit überbrühen. 15 Minuten ziehen lassen, dann durch ein Teesieb abfiltern. Schwach gesüßt zwei- bis dreimal täglich eine frisch zubereitete Tasse des Tees zwischen den Mahlzeiten zu sich nehmen.

Durchfalltee

20 g Pfefferminzblätter
20 g Thymiankraut
20 g Kamillenblüten
10 g Salbeiblätter

Kräuter vermischen. Wasser (ca. 250 Milliliter) aufkochen und 2 Teelöffel dieser Mischung mit dem kochenden Wasser übergießen. 10 Minuten ziehen lassen und durch ein Sieb gießen. Je nach Bedarf 2–3 Tassen täglich trinken.

Pfefferminzölauszug bei Verspannungen und Schmerzen

2 Handvoll frische
Pfefferminzblätter
500 ml gutes Pflanzenöl
(z. B. Olivenöl)

Pfefferminzblätter zusammen mit dem Pflanzenöl in ein gut verschließbares Glasgefäß geben. 6 Wochen an einen warmen, sonnigen Ort stellen, dann durch ein Sieb gießen. Pflanzenteile gut auspressen, Ölauszug in eine dunkle Flasche abfüllen und kühl aufbewahren. Bei Einreibungen oder Massagen auf den betroffenen Stellen verwenden.

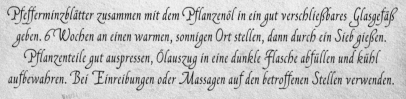

Rosenwein bei Erschöpfung, Kopfschmerzen, Zahnschmerzen und Mundschleimhautentzündungen

1 l Weißwein
100 g Kandiszucker
2 kleine Thymianzweige
10 Duftrosenblüten

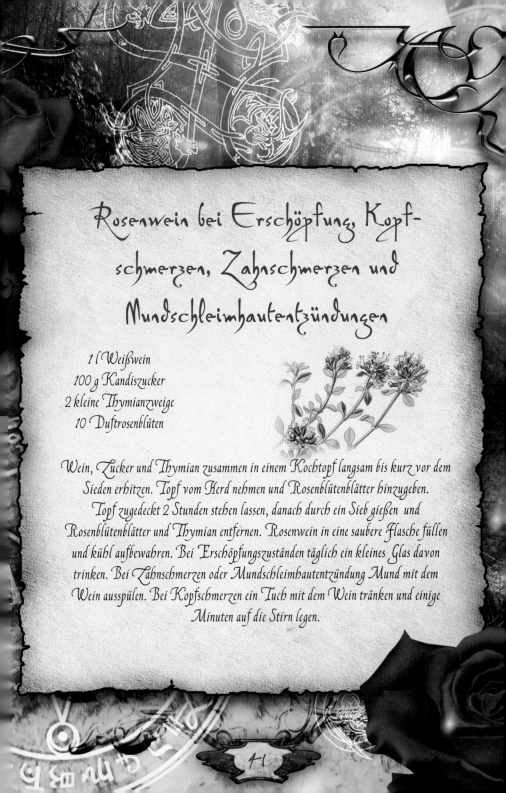

Wein, Zucker und Thymian zusammen in einem Kochtopf langsam bis kurz vor dem Sieden erhitzen. Topf vom Herd nehmen und Rosenblütenblätter hinzugeben. Topf zugedeckt 2 Stunden stehen lassen, danach durch ein Sieb gießen und Rosenblütenblätter und Thymian entfernen. Rosenwein in eine saubere Flasche füllen und kühl aufbewahren. Bei Erschöpfungszuständen täglich ein kleines Glas davon trinken. Bei Zahnschmerzen oder Mundschleimhautentzündung Mund mit dem Wein ausspülen. Bei Kopfschmerzen ein Tuch mit dem Wein tränken und einige Minuten auf die Stirn legen.

Rosmarintinktur als Einreibung zur Belebung und Durchblutungsförderung

50 g Rosmarinblätter
250 g 70 %iger Alkohol

Rosmarinblätter in ein gut verschließbares Gefäß geben, mit dem Alkohol übergießen, 4 Wochen fest verschlossen an einem warmen, dunklen Ort ziehen lassen. Während dieser Zeit ab und zu schütteln. Danach abfiltern und in kleine Fläschchen füllen. Bei Bedarf auf der betroffenen Stelle einreiben. Eignet sich als Einreibung (oder verdünnt als Teilbad) bei Ischias, Nerven-, Gelenk- oder rheumatischen Schmerzen.

Acht-Kräuter-Hustensirup

18 g Thymian (getrocknet)	20 Gewürznelken	1 TL Anissamen
9 g Kamille (getrocknet)	2 Knoblauchzehen	1 Prise Cayennepfeffer
9 g Salbei (getrocknet)	2 TL Fenchelsamen	500 g Honig

Kräuter und Gewürze zusammen mit 1 Liter Wasser in einen Topf geben und zugedeckt 20 Minuten köcheln lassen. Kräuter durch ein Tuch gießen, gut auspressen und den Kräutersud abermals bei geringer Temperatur auf ca. ein Viertel der Flüssigkeit einkochen lassen. Honig hinzugeben, gut einrühren und auf niedriger Flamme weiter erhitzen (nicht kochen!). In eine Flasche abfüllen und kühl lagern (hält mindestens ein Jahr).

Salbei-Waschung gegen Schweißfüße und Achselnässe

3 EL Salbeiblätter
(getrocknet)

Wasser (ca. 250 Milliliter) aufkochen, Salbei damit überbrühen und 10 Minuten ziehen lassen. Durch ein Sieb abfiltern und abkühlen lassen. Täglich nach dem Duschen oder dem Baden Achselhöhlen bzw. Füße mit dem Sud waschen.

Valentinstagswaffeln mit Beifußquark

(für 4 Portionen)
1 Handvoll Beifuß
(frisch)
250 g Quark
Salz und Pfeffer
200 g Roggenmehl
200 g Weizenmehl

30 g Hefe
1 Prise Zucker
150 g Butter
2 TL Salz
100 g Flüssigsauerteig
(Reformhaus)
4 Eier

80 g durchwachsener
Räucherspeck
300 g Champignons
100 g Zwiebeln
2 TL getrockneter Beifuß

Wildkräuter waschen, trocken schütteln, fein hacken, gut mit dem Quark vermischen und mit Salz und Pfeffer abschmecken. Roggen- und Weizenmehl in einer Schüssel vermengen, Hefe hinzugeben und mit 5 Esslöffel Wasser und 1 Prise Zucker verkneten. Teig zugedeckt stehen lassen, bis sich Blasen zeigen. Butter, Salz, Flüssigsauerteig, Wasser (ca. 300 Milliliter) und Eier hinzugeben und zu einem glatten Teig vermengen. Räucherspeck, Champignons und Zwiebeln fein würfeln. Speck in einer Pfanne auslassen, Champignons und Zwiebeln hinzufügen und einige Minuten anbraten. Beifuß hinzugeben, abkühlen lassen und alles in den Teig mischen. In einem eingefetteten Waffeleisen nach und nach Teig zu 8 Waffeln backen. Warme Waffeln zusammen mit dem Kräuterquark servieren.

Göttinnentrank zur Stärkung an einem Lebenswendepunkt

(für ca. 1 Liter)
2 EL Honig

2 Zweige getrockneter
Beifuß

25 g Heidelbeeren
(frisch oder TK)

Ca. 1 Liter Wasser aufkochen lassen, Beifuß ca. 2 Minuten mitkochen und durch ein Sieb gießen. Heidelbeeren in das noch heiße Beifußwasser geben. Abkühlen lassen, Honig hinzufügen und gut einrühren.

Magisches Zanderfilet in Dillsoße

(für 4 Portionen)
500 g Zanderfilet
etwas Salz und Pfeffer
1 Bio-Zitrone

½ Bund Dill
1 große Zwiebel
1 EL Butter
100 g Sahne

200 ml Gemüsebrühe
1 TL Speisestärke
1 TL Honig
3 EL Butterschmalz

Zander waschen und trocken tupfen. Die Hautseite einige Male diagonal einritzen, mit Salz und Pfeffer würzen. Zitrone waschen, abtrocknen, Saft auspressen und Schale abreiben. Dill waschen, trocken schütteln und klein hacken. Zwiebel schälen und in feine Würfel schneiden. Butter in der Pfanne zerlassen und Zwiebeln darin glasig anbraten. Sahne, Brühe, Zitronenschale und -saft hinzugeben, alles aufkochen und ca. 3 Minuten köcheln lassen. Speisestärke in einer Schale gut mit 4 Esslöffel kaltem Wasser verrühren und in die Soße mischen. Dill hinzugeben und mit der Soße vermengen. Mit Honig, Salz und Pfeffer abschmecken. In einer anderen Pfanne das Butterschmalz zergehen lassen, Zander bei mittlerer Hitze zunächst auf der Haut-, dann auf der Fleischseite je 3 Minuten anbraten. Zum Schluss mit der fertigen Soße servieren.

Gurken in Dilljoghurt für geistige Ruhe und innere Klarheit

(für 2 Portionen)   100 g Joghurt   1 Prise Zucker
1 Salatgurke   1 EL Weißweinessig   etwas Salz und Pfeffer
1 Zwiebel   1–2 EL Pflanzenöl   ½ Bund Dill

Gurke schälen, Enden abschneiden und in dünne Scheiben schneiden bzw. hobeln. Zwiebel schälen, in feine Würfel schneiden und in die Schüssel zu den Gurkenscheiben geben. Joghurt, Essig, Öl, Zucker, Salz und Pfeffer in einer weiteren Schüssel miteinander vermischen. Dill waschen, trocken schütteln, klein hacken und mit der Joghurtmischung vermengen. Dilljoghurt mit den Gurkenscheiben und Zwiebelwürfeln vermischen und vor dem Servieren einige Minuten durchziehen lassen.

Eisenkraut-Fenchel-Liebestrank

(für 1 Liter)   4 TL Fenchel   etwas Honig
1 Tasse Rotwein   2 TL Muskatnuss   (nach Geschmack)
4 TL Eisenkraut

Alle Zutaten in einem Topf zusammen mit 4 Tassen Wasser aufkochen lassen
(dabei Liebeswunsch visualisieren). Durch ein Sieb gießen, nach Geschmack mit
Honig süßen. Warm in eine Flasche abfüllen, abkühlen lassen, kühl aufbewahren
und dem Geliebten davon zum Trinken geben.

Fenchel-Dill-Auflauf für Verliebte

(für 4 Portionen)
2 Möhren (geschält und in
Scheiben geschnitten)
100 g Butter
etwas Salz
Saft einer halben Zitrone

1 Zucchini (gewaschen und
in Scheiben geschnitten)
1 kg Fenchel (gewaschen
und geviertelt)
25 g Mehl
250 ml Sahne

1 Bund Dill (gehackt)
150 g geriebener Käse
600 g Kartoffeln (vor-
gekocht, geschält und in
Scheiben geschnitten)

Möhren in einem Topf mit 10 Gramm Butter leicht andünsten, salzen, Zitronensaft und
250 Milliliter Wasser hinzugießen und bei geschlossenem Deckel ca. 5 Minuten garen.
Zucchini und Fenchel hinzugeben und ca. 10 Minuten köcheln lassen. Gemüse durch ein
Sieb gießen und den Sud auffangen. Restliche Butter und Mehl zu einer Mehlschwitze
verarbeiten. Unter Rühren 250 Milliliter des Gemüsesuds und die Sahne hinzugießen,
aufkochen und 5 Minuten köcheln lassen. Dill und zwei Drittel des geriebenen Käses
beimischen. Gemüse und Kartoffeln in eine gefettete Auflaufform schichten und mit der
Soße übergießen. Restlichen Käse über den Auflauf verteilen. Das Ganze bei 200° C
(Umluft: 180° C) im Backofen ca. 25 Minuten goldbraun backen.

Eisenkraut-Granité gegen Herzschmerz

(für 4 Portionen)   2 Zweige Eisenkraut

300 g Zucker   Saft einer halben Limette

Zucker in einem Topf mit ca. 300 Milliliter Wasser verrühren, aufkochen und ein wenig einkochen lassen. Etwas abkühlen lassen, dann Eisenkraut hinzugeben und über Nacht stehen lassen. Am nächsten Tag durch ein Sieb gießen und Eisenkraut entfernen. Limettensaft hinzugeben und Flüssigkeit in der Eismaschine oder im Gefrierschrank einfrieren. Gefrorenes Granité in gekühlten Schalen oder Gläsern portionieren.

Knoblauchnudeln für Glück und ein langes Leben

(für 4 Portionen)
100 g roher Schinken
500 g Tomaten
150 g Oliven
(schwarz, entkernt)

3 Knoblauchzehen
1 rote Chilischote
250 g Nudeln (z. B. Spaghetti)
etwas Salz

5 El Olivenöl
etwas Petersilie (frisch, gehackt)

Schinken in Streifen schneiden. Tomaten kreuzweise einritzen, mit kochendem Wasser überbrühen, Haut abziehen und Tomatenfleisch in Würfel schneiden. Oliven halbieren, Knoblauchzehen schälen und durch eine Knoblauchpresse drücken. Chilischote waschen, längs einschneiden, entkernen und fein hacken. Nudeln in ausreichend Salzwasser bissfest kochen, durch ein Sieb gießen und mit 1 Esslöffel des Olivenöls vermengen. Restliches Öl in eine Pfanne geben und erhitzen, Schinken und Chilischote hinzugeben und anbraten, bis die Schinkenstreifen Farbe annehmen. Anschließend auch Knoblauch und Nudeln hinzugeben und knusprig anbraten. Oliven und Tomaten untermischen und unter ständigem Rühren einige Minuten mitgaren. Auf vorgewärmten Tellern mit Petersilie bestreut servieren.

Knoblauchschutzbrühe gegen bösen Zauber und schädliche Einflüsse

(für 1 Liter)	½ TL Thymian	2 EL Olivenöl
4 gestrichene TL klare	3 Salbeiblätter	etwas Maisstärke
Gemüsebrühe	etwas Dill, Majoran und	etwas süße Sahne
15 Knoblauchzehen	Rosmarin	Salz und Pfeffer
(geschält, ganz)	3 EL Parmesan	
2 Lorbeerblätter	2 Eigelb	

Ca. 1 Liter Wasser mit der Gemüsebrühe, dem Knoblauch und den Kräutern zum Kochen bringen und bei niedriger Hitze 5 Minuten köcheln lassen. Kräuterbrühe vom Herd nehmen, Knoblauchzehen aus der Brühe nehmen und zu einem Brei zerdrücken. Diesen mit Parmesan, Eigelb, Öl und 3 Esslöffel der Brühe vermengen und nach und nach in die restliche Kräuterbrühe rühren. Nochmals aufkochen und leicht köcheln lassen. Mit Maisstärke binden, mit der Sahne verfeinern und mit Salz und Pfeffer abschmecken.

Knoblauchwein für mehr Gelassenheit

| (für 1 Liter) | 1 l Weißwein (süß) | 5 Knoblauchzehen |

Wein in einem Topf auf der Herdplatte erwärmen (jedoch nicht kochen!). Knoblauchzehen schälen, klein hacken und in den warmen Wein geben. Knoblauch-Wein-Ansatz in eine gut verschließbare Flasche füllen, eine Woche warm stehen lassen (z. B. auf einer sonnenbeschienenen Fensterbank). Ansatz durch ein Tuch gießen. Täglich ein Likörglas des Weins zu sich nehmen.

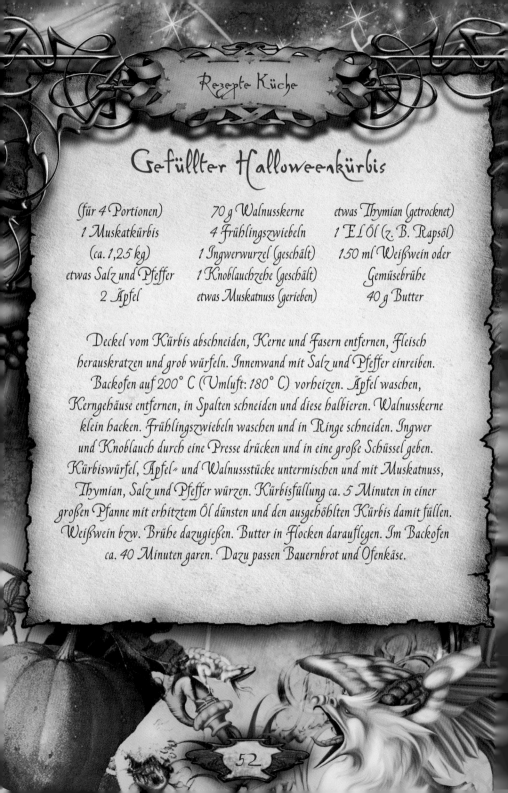

Gefüllter Halloweenkürbis

(für 4 Portionen)
1 Muskatkürbis
(ca. 1,25 kg)
etwas Salz und Pfeffer
2 Äpfel

70 g Walnusskerne
4 Frühlingszwiebeln
1 Ingwerwurzel (geschält)
1 Knoblauchzehe (geschält)
etwas Muskatnuss (gerieben)

etwas Thymian (getrocknet)
1 EL Öl (z. B. Rapsöl)
150 ml Weißwein oder
Gemüsebrühe
40 g Butter

Deckel vom Kürbis abschneiden, Kerne und Fasern entfernen, Fleisch herauskratzen und grob würfeln. Innenwand mit Salz und Pfeffer einreiben. Backofen auf 200° C (Umluft: 180° C) vorheizen. Äpfel waschen, Kerngehäuse entfernen, in Spalten schneiden und diese halbieren. Walnusskerne klein hacken. Frühlingszwiebeln waschen und in Ringe schneiden. Ingwer und Knoblauch durch eine Presse drücken und in eine große Schüssel geben. Kürbiswürfel, Äpfel- und Walnussstücke untermischen und mit Muskatnuss, Thymian, Salz und Pfeffer würzen. Kürbisfüllung ca. 5 Minuten in einer großen Pfanne mit erhitztem Öl dünsten und den ausgehöhlten Kürbis damit füllen. Weißwein bzw. Brühe dazugießen. Butter in Flocken darauflegen. Im Backofen ca. 40 Minuten garen. Dazu passen Bauernbrot und Ofenkäse.

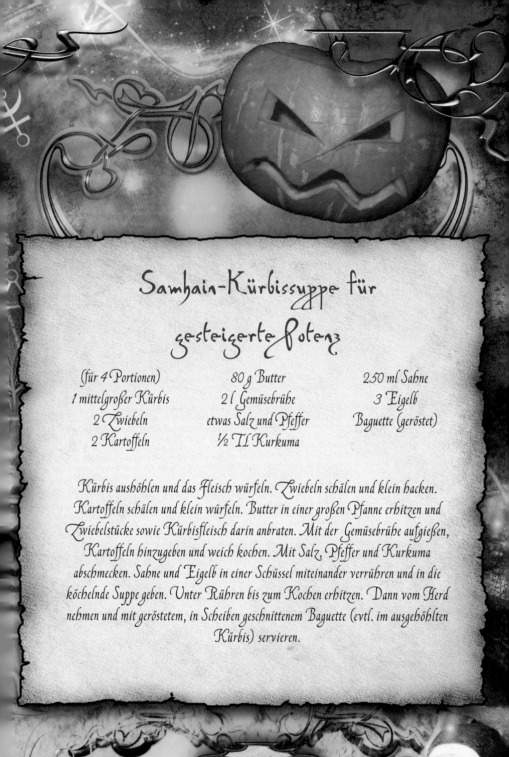

Samhain-Kürbissuppe für gesteigerte Potenz

(für 4 Portionen)
1 mittelgroßer Kürbis
2 Zwiebeln
2 Kartoffeln

80 g Butter
2 l Gemüsebrühe
etwas Salz und Pfeffer
½ TL Kurkuma

250 ml Sahne
3 Eigelb
Baguette (geröstet)

Kürbis aushöhlen und das Fleisch würfeln. Zwiebeln schälen und klein hacken. Kartoffeln schälen und klein würfeln. Butter in einer großen Pfanne erhitzen und Zwiebelstücke sowie Kürbisfleisch darin anbraten. Mit der Gemüsebrühe aufgießen, Kartoffeln hinzugeben und weich kochen. Mit Salz, Pfeffer und Kurkuma abschmecken. Sahne und Eigelb in einer Schüssel miteinander verrühren und in die köchelnde Suppe geben. Unter Rühren bis zum Kochen erhitzen. Dann vom Herd nehmen und mit geröstetem, in Scheiben geschnittenem Baguette (evtl. im ausgehöhlten Kürbis) servieren.

Karamellisierter Lavendel-Chicorée

für verführerische Momente

(für 2 Portionen)
500 g Chicorée
Olivenöl
1–2 EL Honig

1 EL Lavendelblüten
ca. 200 ml Gemüsebrühe
(Menge je nach Bedarf)
etwas Salz und Pfeffer

Chicorée halbieren, Strunk herausschneiden. In einer großen Pfanne eine ausreichende Menge Olivenöl erhitzen und Chicorée-Hälften darin auf beiden Seiten scharf anbraten. Honig und Lavendelblüten hinzugeben und weiterkochen, bis die Chicoréeblätter gut angebräunt sind und zu karamellisieren beginnen. Nach und nach Brühe je nach benötigter Menge zugießen. Ist die Brühe verdampft und der Chicorée karamellisiert und schön weich und braun, salzen und pfeffern, vom Herd nehmen und heiß servieren. Das Gericht eignet sich als Beilage z. B. zu Pasta oder als Vorspeise mit frischem Baguette.

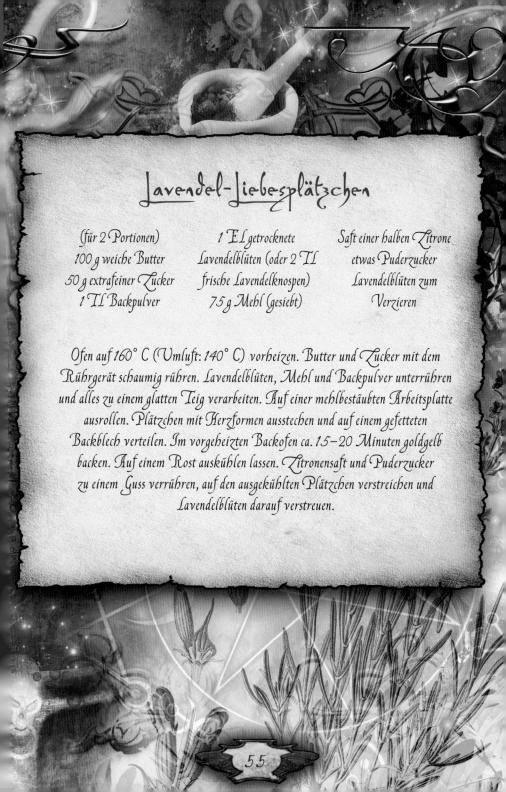

Lavendel-Liebesplätzchen

(für 2 Portionen)
100 g weiche Butter
50 g extrafeiner Zucker
1 TL Backpulver

1 EL getrocknete
Lavendelblüten (oder 2 TL
frische Lavendelknospen)
75 g Mehl (gesiebt)

Saft einer halben Zitrone
etwas Puderzucker
Lavendelblüten zum
Verzieren

Ofen auf 160° C (Umluft: 140° C) vorheizen. Butter und Zucker mit dem
Rührgerät schaumig rühren. Lavendelblüten, Mehl und Backpulver unterrühren
und alles zu einem glatten Teig verarbeiten. Auf einer mehlbestäubten Arbeitsplatte
ausrollen. Plätzchen mit Herzformen ausstechen und auf einem gefetteten
Backblech verteilen. Im vorgeheizten Backofen ca. 15–20 Minuten goldgelb
backen. Auf einem Rost auskühlen lassen. Zitronensaft und Puderzucker
zu einem Guss verrühren, auf den ausgekühlten Plätzchen verstreichen und
Lavendelblüten darauf verstreuen.

Wildente auf Liebstöckel-Weißkraut gegen Verwünschungen und bösen Zauber

(für 4 Portionen)
2 Wildenten (ganz und küchenfertig)
Gemüsebrühe

etwas Salz und Pfeffer
500 g Weißkraut
etwas Öl
2 EL Puderzucker

3 EL Balsamico-Essig
1 EL Liebstöckel (grob gehackt)

Backofen auf 120° C vorheizen (Umluft: 100° C). Wildenten in einer Pfanne mit ca. fingerhoch Gemüsebrühe ca. 1,5–2 Stunden im Backofen weich kochen. Danach aus dem Ofen nehmen, Keulen und Brüste abtrennen. Knochen auslösen und klein gehackt im Bratenrückstand ca. 15 Minuten auf dem Herd auskochen. Fond durch ein Sieb gießen, einreduzieren und salzen und pfeffern. Entenbrüste und -keulen mit der Hautseite nach oben auf dem Backblech im Ofen knusprig braun braten. Weißkraut halbieren, Strunk entfernen und in mundgerechte Stücke schneiden. Öl in einer Pfanne erhitzen und Weißkrautstücke darin anbraten. Salzen, zuckern und leicht karamellisieren lassen. Mit dem Essig ablöschen, mit Fond aufgießen, durchschwenken und weich garen. Gehackten Liebstöckel hinzugeben und anrichten.

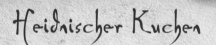

Heidnischer Kuchen

(für 4 Portionen)
500 g Mehl
5 Eier
70 g Schmalz (z. B. Schweineschmalz)

Salz und Pfeffer
2 säuerliche Äpfel
1 Zwiebel
3 Knoblauchzehen
750 g Rindfleisch

150 g Dörrfleisch oder durchwachsener Speck
1 EL frischer Liebstöckel
1 EL frischer Majoran
1 Eigelb zum Bestreichen

Mehl, 2 Eier, Schmalz sowie etwas Salz mit etwas Wasser zu einem geschmeidigen Teig verkneten und 1,5 Stunden zugedeckt warm gehen lassen. Währenddessen Äpfel schälen, Kerngehäuse entfernen und klein würfeln. Zwiebel schälen und würfeln. Knoblauch schälen und durch eine Knoblauchpresse drücken. Auch Dörrfleisch (bzw. Speck) und Rindfleisch in kleine Würfel schneiden. Alles zusammen durch den Fleischwolf drehen oder im Mixer grob zerkleinern. Mit Salz und Pfeffer, Liebstöckel und Majoran würzen. Die restlichen Eier untermischen und alles anbraten. Backofen auf 200° C (Umluft: 180° C) vorheizen. Teig auf einem mit Backpapier belegten Backblech dünn ausrollen. Hierauf Fleischfüllung mittig und kastenförmig verteilen, Kanten anfeuchten und Fleischfüllung im Teig einschlagen. Die Masse mit Eigelb bepinseln und mehrmals mit einer Gabel einstechen. Im vorgeheizten Backofen auf zweitunterster Schiene ca. 1 Stunde goldbraun backen.

Verzaubernde Minutensteaks in Tomaten-Minz-Soße zur Heilung und Reinigung

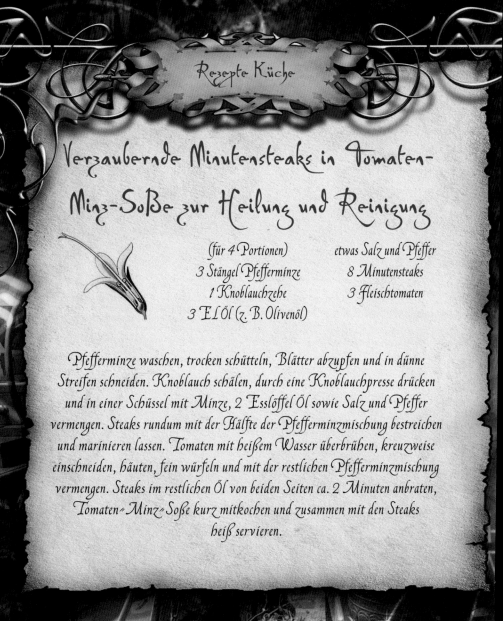

(für 4 Portionen)
3 Stängel Pfefferminze
1 Knoblauchzehe
3 EL Öl (z. B. Olivenöl)

etwas Salz und Pfeffer
8 Minutensteaks
3 Fleischtomaten

Pfefferminze waschen, trocken schütteln, Blätter abzupfen und in dünne Streifen schneiden. Knoblauch schälen, durch eine Knoblauchpresse drücken und in einer Schüssel mit Minze, 2 Esslöffel Öl sowie Salz und Pfeffer vermengen. Steaks rundum mit der Hälfte der Pfefferminzmischung bestreichen und marinieren lassen. Tomaten mit heißem Wasser überbrühen, kreuzweise einschneiden, häuten, fein würfeln und mit der restlichen Pfefferminzmischung vermengen. Steaks im restlichen Öl von beiden Seiten ca. 2 Minuten anbraten, Tomaten-Minz-Soße kurz mitkochen und zusammen mit den Steaks heiß servieren.

Pfefferminz-Schoko-Mousse mit aphrodisierender Wirkung

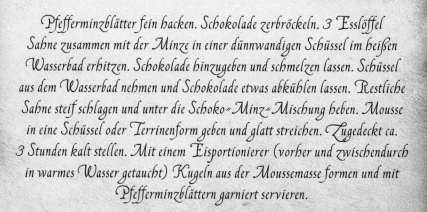

(für 4 Portionen)
1 EL Pfefferminzblätter
200 g dunkle Schokolade
(z. B. Edelbitter)

200 ml süße Sahne
einige Pfefferminzblätter
zum Garnieren

Pfefferminzblätter fein hacken. Schokolade zerbröckeln. 3 Esslöffel Sahne zusammen mit der Minze in einer dünnwandigen Schüssel im heißen Wasserbad erhitzen. Schokolade hinzugeben und schmelzen lassen. Schüssel aus dem Wasserbad nehmen und Schokolade etwas abkühlen lassen. Restliche Sahne steif schlagen und unter die Schoko-Minz-Mischung heben. Mousse in eine Schüssel oder Terrinenform geben und glatt streichen. Zugedeckt ca. 3 Stunden kalt stellen. Mit einem Eisportionierer (vorher und zwischendurch in warmes Wasser getaucht) Kugeln aus der Moussemasse formen und mit Pfefferminzblättern garniert servieren.

Krafttrunk

(für 1 Glas) · 1 Zweig Rosmarin
2–3 Zweige · 1 großes Blatt Salbei
Pfefferminze · 1 Prise Zimtzucker

Kräuter waschen, trocken schütteln und zusammen mit ca. 100 Milliliter
Wasser zum Kochen bringen. Zimtzucker hinzugeben, gut umrühren und
abkühlen lassen. Am besten wirkt der Trank, wenn man ihn vor dem Genuss
7 Mal schüttelt und dabei eine selbst erfundene Beschwörungsformel für
Kraft, Mut und Energie spricht.

Rosenzauber-Lammfilets

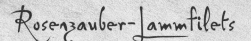

(für 4 Portionen)
2 Knoblauchzehen
8 Lammfilets
60 g Butter
1 EL frischer Oregano

250 ml Rotwein
30 ml Rosenblütenlikör
1 EL Rosenblüten-
marmelade
½ TL Tomatenmark

1 TL Rosenblütensalz
etwas Knoblauch-
Schnittlauch
einige Rosenblüten zur
Dekoration

Knoblauch schälen und fein hacken. Sehnen und Häute der Lammfilets entfernen. 40 Gramm der Butter in einer Pfanne erhitzen und Lammfilets darin kurz rundum anbraten. Knoblauch und Oregano zum Schluss hinzugeben und durchschwenken. Lammfilets zugedeckt oder in Folie warm stellen (z. B. in einem Topf im Backofen bei 80° C, Umluft: 60° C). Rotwein, Likör, Marmelade und Tomatenmark in die Pfanne mit dem Bratensatz geben, gut umrühren und sprudelnd kochend ca. 5 Minuten bis zur Hälfte einreduzieren lassen. Dann mit dem Schneebesen restliche Butter in Flocken einrühren, sodass eine cremige Soße entsteht. Lammfilets hinzugeben und in der Soße schwenken. Mit Rosenblütensalz und Knoblauch-Schnittlauch würzen und mit Rosenblüten garniert servieren.

Rosen-Vanille-Trank für eine harmonische Partnerbeziehung

(für ca. 1 Liter)	4 Stangen Vanille	120 g Damianakraut
450 g Rosenblätter (frisch)	120 g Mönchspfeffer	1 l Weinbrand

Rosenblätter, Vanille, Mönchspfeffer und Damianakraut in ein gut verschließbares Glasgefäß geben, mit Weinbrand übergießen und 3 Tage kühl stehen lassen. Dabei täglich gut umrühren oder schütteln. Danach die Flüssigkeit durch ein Tuch abfiltern und in eine Flasche abfüllen. Eventuell mit Honig gesüßt, sollten beide Partner vor dem Zubettgehen ein Likörglas des Tranks zu sich nehmen.

Rosengelee für Augenblicke voller Leidenschaft

(für 1 Portion)
20 stark duftende rote
Rosen

750 ml trockener
Weißwein
1000 g Gelierzucker

Rosenblätter abzupfen und in einem Topf zusammen mit dem Wein bis kurz vor dem Sieden erhitzen. Topf vom Herd nehmen, ca. 15 Minuten ziehen lassen und durch ein Sieb gießen. Gelierzucker in den abgekühlten Rosenabsud geben, nochmals auf den Herd stellen und ca. 5 Minuten unter ständigem Rühren sprudelnd kochen lassen. Anschließend in saubere Geleegläser abfüllen und gut verschließen.

Rosmarin-Kartoffeln für helle Köpfchen

(für 4 Portionen)
1 Knoblauchzehe
6 EL Olivenöl
2 TL getrockneter Ros=

marin (oder 2 EL frische
Rosmarinnadeln)
1 kg Kartoffeln
1 TL Salz

Knoblauch schälen und zerdrücken. Zusammen mit Olivenöl und Rosmarinnadeln in einer großen Schüssel vermengen. Kartoffeln schälen, in Spalten schneiden und gut in der Rosmarin=Öl=Mischung wenden. 5–10 Minuten ziehen lassen. Kartoffeln auf einem mit Backpapier belegten Backblech auslegen und – je nach Größe der Kartoffelschnitze – 30–45 Minuten bei 200° C (Umluft: 180° C) knusprig braun backen (Garprobe: Kartoffeln sollten sich beim Einstechen mit der Gabel nicht mehr hart anfühlen). Vor dem Servieren mit Salz abschmecken.

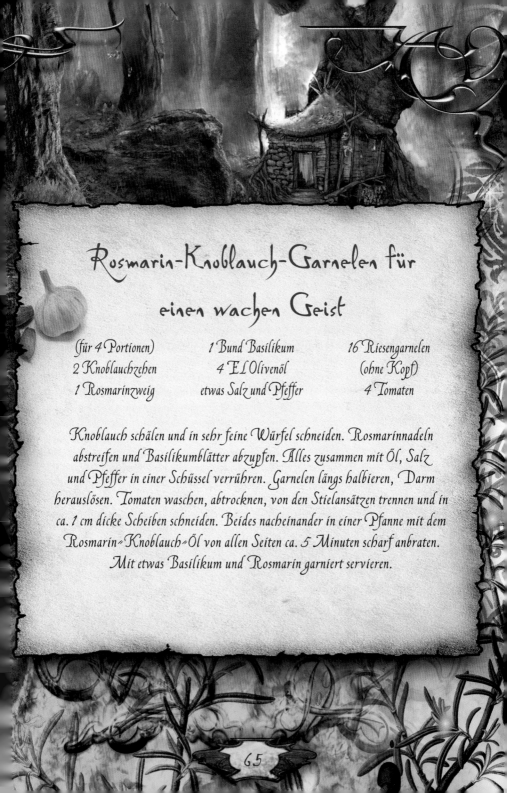

Rosmarin-Knoblauch-Garnelen für einen wachen Geist

(für 4 Portionen)
2 Knoblauchzehen
1 Rosmarinzweig

1 Bund Basilikum
4 EL Olivenöl
etwas Salz und Pfeffer

16 Riesengarnelen
(ohne Kopf)
4 Tomaten

Knoblauch schälen und in sehr feine Würfel schneiden. Rosmarinnadeln abstreifen und Basilikumblätter abzupfen. Alles zusammen mit Öl, Salz und Pfeffer in einer Schüssel verrühren. Garnelen längs halbieren, Darm herauslösen. Tomaten waschen, abtrocknen, von den Stielansätzen trennen und in ca. 1 cm dicke Scheiben schneiden. Beides nacheinander in einer Pfanne mit dem Rosmarin-Knoblauch-Öl von allen Seiten ca. 5 Minuten scharf anbraten. Mit etwas Basilikum und Rosmarin garniert servieren.

Salbei-Mäuschen

(für 4 Portionen)
2 Eier
200 g Mehl

150 ml Weißwein, helles
Bier oder Mineralwasser
1 EL Öl

1 Prise Salz
1 großer Bund Salbei
Öl zum Frittieren

Eier trennen. Mehl mit der Flüssigkeit (Wein, Bier oder Wasser) nach und nach verrühren. Eigelb, Öl und Salz gut unterrühren. Eiweiß steif schlagen und unter den Teig heben. Teig zugedeckt eine halbe Stunde stehen lassen. Salbei waschen, trocken schütteln und Blätter mit Stielansatz abzupfen. Öl in der Pfanne stark erhitzen, Salbeiblätter in den Teig tunken und im Öl goldbraun frittieren. Auf Küchenkrepp abtropfen lassen und warm servieren. Eignet sich als Vorspeise (z. B. mit Basilikumpesto) oder als Knabberei zu einem Glas Wein oder Bier.

Salbei-Huhn gegen Seelenschmerz und Liebeskummer

(3 Portionen)
1 Bund Salbei
2 Zitronen
1 Hähnchen (ca. 1 kg)

3 EL Öl
Salz und Pfeffer
reichlich Butter
500 ml Milch

Salbei waschen und trocken schütteln, Blätter von den Stielen abzupfen, Zitronen schälen und in Scheiben schneiden. Huhn mit den Stielen und einigen Blättern des Salbeis (Rest zurückbehalten) sowie Zitronenscheiben füllen und mit Öl sowie Salz und Pfeffer einreiben. Einige Minuten in Öl und Butter anbraten, danach mit etwas Butter in einen Bräter oder eine Auflaufform geben. Milch und restliche Salbeiblätter hinzufügen und mit Pergamentpapier zugedeckt ca. 1,5 Stunden bei 180° C (Umluft: 160° C) im Backofen garen. Dazu schmecken Salzkartoffeln oder Spinat.

Zwar – man spricht von einer Waldfrau,
Irgendwo – im blauen Grunde,
Einer Heidin; sondrer Dinge
Hat sie sonderbare Kunde.
Wohlvertraut mit allen Rätseln
Aller Kräuter und Gewächse,
Weiß sie Heiltrank zu bereiten
Und man nennt sie – eine Hexe.

(Friedrich Wilhelm Weber (1813–1894))

Baldrian

Verwendete Teile: Wurzeln und Blüten
Erntezeit: Wurzeln: Oktober, Blüten: Juli und August
Heilwirkung: beruhigend, schlaffördernd, konzentrationsfördernd, krampflösend
Magische Wirkung: Baldrian wird traditionell zu Reinigungsräucherungen sowie zum Schutz vor bösen Geistern, Hexen und Dämonen verwendet. Zudem gilt er als Aphrodisiakum. So soll Baldrianduft dabei helfen, einen Streit zwischen Liebespaaren beizulegen. Auch wird er dazu verwendet, die Intuition zu steigern und ein negatives Selbstbild aufzulösen. Im Haus aufgehängt sollen getrocknete Baldriansträußchen Glück bringen und Negatives in Positives umkehren.
Achtung: Nicht während der Schwangerschaft und Stillzeit sowie bei Kindern unter 12 Jahren einsetzen. Kann in seltenen Fällen Magen- und Darmstörungen auslösen.

Bärlauch

Verwendete Teile: Blätter, frisches Kraut, Zwiebel
Erntezeit: frisches Kraut: April und Mai, Zwiebel: Herbst
Heilwirkung: immunstärkend, durchblutungsfördernd, blutzucker- und cholesterinsenkend, verdauungsfördernd
Magische Wirkung: Der Genuss des Bärlauchs soll nach altem Glauben buchstäblich Bärenkräfte verleihen und die Lebensenergie steigern. Zudem gilt er als Schutzkraut: Er soll – ähnlich dem Knoblauch – Vampire in die Flucht schlagen, aber auch Schlangen und böse Hexen abwehren. Zudem wird er traditionell auch als Aphrodisiakum geschätzt.
Achtung: Der Bärlauch kann leicht mit giftigen Pflanzen wie Maiglöckchen und Herbstzeitlosen verwechselt werden. Man erkennt ihn jedoch am Knoblauchgeruch beim Abschneiden oder Zerreiben der Blätter.

Blutwurz

Verwendete Teile: Wurzelstock
Erntezeit: zeitiges Frühjahr und Spätherbst
Heilwirkung: antibakteriell, immunstärkend, adstringierend, blutstillend, krampflösend
Magische Wirkung: Im Mittelalter hatte die Blutwurz den Ruf eines wunderkräftigen
Mittels zur Behandlung verschiedenster Schmerzen. Nach altem Glauben soll sie vor
neidischen Blicken, Furcht und Dämonen schützen.

Frauenmantel

Verwendete Teile: blühendes Kraut
Erntezeit: Mai bis September
Heilwirkung: krampflösend, blutbildend, blutstillend, wundheilend, harntreibend
Magische Wirkung: Wie der Name schon verrät, gehört der Frauenmantel zu den
wichtigsten Frauenschutzpflanzen. Er wird für Liebeszauber verwendet und soll die Kraft
magischer Handlungen verstärken. Frauenmantelkränze oder -bündel sollen an Türen,
Dachfirsten und Fenstern vor Blitzschlag schützen.
Achtung: Nicht bei Säuglingen anwenden.

Gundermann/Gundelrebe

Verwendete Teile: Blätter und Blüten
Erntezeit: März bis Juni
Heilwirkung: stoffwechselfördernd, schleimlösend, entzündungshemmend, wundheilend, Blase und Niere anregend
Magische Wirkung: Gundermann stand mit dem Gott Thor in Verbindung und sollte vor Blitzschlag bewahren. Im Glauben der Kelten und Germanen gilt er als Wohnsitz der beschützenden Haus- und Hofgeister. Er soll nach altem Volksglauben Hexen erkennbar machen und vor bösem Zauber und angehexten Krankheiten schützen.
Achtung: Höchst giftig für Pferde.

Holunder

Verwendete Teile: Wurzeln, Blätter, Blüten und Beeren
Erntezeit: Blüten: Juni und Juli, Blätter: Mai und Juni, Beeren: September und Oktober
Heilwirkung: schleimlösend, immunstärkend, entzündungshemmend, erweichend, pilztötend
Magische Wirkung: Dem Volksglauben nach bewohnen gute Hausgeister den Holunderbaum, sodass er nicht gefällt oder verbrannt werden darf. Er steht auch mit dem Tod in Verbindung und soll das Überschreiten von Schwellen erleichtern (z. B. bei Einschlafschwierigkeiten, schamanischen Reisen oder der Anrufung der Ahnen). Bei sich getragen, soll er vor der Versuchung des Ehebruchs bewahren. Die Blüten und reifen Beeren werden für Liebeszauber, die Zweige für Bannzauber gebraucht.
Achtung: Einige Teile des Holunders sind schwach giftig. Vor allem die rohen Beeren können – besonders bei Kindern, Tieren sowie bei Überdosierung auch bei Erwachsenen – zu Übelkeit, Erbrechen und Durchfall führen.

Melisse

Verwendete Teile: ganzes Kraut
Erntezeit: Juni und Juli
Heilwirkung: krampflösend, entspannend, antibakteriell, schmerzstillend
Magische Wirkung: Man glaubt, Melisse könne gegen Liebeskummer helfen. Ein Kräuterabsud oder das Tragen des Krauts soll dabei helfen, die Liebe zu finden. Zudem wird die Melisse bei Heilungsräucherungen sowie Wunsch- und Erfolgszaubern verwendet.

Veilchen

Verwendete Teile: blühendes Kraut, Blüten, Wurzeln
Erntezeit: Kraut: März bis Mai, Blüten: März und April, Wurzeln: Oktober und November
Heilwirkung: entzündungshemmend, durchblutungsfördernd, krampflösend, schleimlösend, schmerzlindernd
Magische Wirkung: Veilchen fördern die Inspiration und sollen in ihrer Umgebung Frieden verbreiten. Trägt man Veilchenblüten am Körper, so soll man gegen böse Geister geschützt sein und Glück erlangen. Mischt man sie mit Lavendel, erhält man ein starkes Aphrodisiakum. Das erste Veilchen des Frühlings, das man findet, soll bis zum nächsten Frühling einen Wunsch erfüllen.

Wacholder

Verwendete Teile: Nadeln, Beeren, Triebspitzen, Wurzeln, Holz
Erntezeit: April bis Juli
Heilwirkung: durchblutungsfördernd, antibakteriell, verdauungsfördernd, entkrampfend
Magische Wirkung: Wacholder wird unter anderem zum Schutz vor Diebstahl und bei Reinigungen und Exorzismen verwendet. Sein Rauch soll den Kontakt zu den Ahnen begünstigen und negative Energien abhalten. Wer einen Wacholderzweig bei sich trägt, soll vor Unfällen und Angriffen wilder Tiere geschützt sein.
Achtung: Das ätherische Öl ist nervenreizend und sollte nicht in der Schwangerschaft und bei Nierenerkrankungen angewendet werden.

Walderdbeere

Verwendete Teile: Kraut, Blätter, Früchte und Wurzeln
Erntezeit: Blätter: Mai und Juni, Früchte: Juni und Juli, Wurzeln: Frühling oder Herbst
Heilwirkung: adstringierend, stopfend, blutdrucksenkend, entzündungshemmend, leber- und gallewirksam
Magische Wirkung: Seit dem Mittelalter gilt die Walderdbeere als Schutzpflanze gegen alle Arten von Giften. Die getrockneten Blätter sind, mit sich getragen, ein altbewährter Glücksbringer. Da die Früchte die Glücksgefühle fördern sollen, werden sie auch in Tränken gegen depressive Verstimmungen verwendet.
Achtung: Manche Menschen reagieren auf Erdbeeren allergisch.

Waldmeister

Verwendete Teile: blühendes Kraut
Erntezeit: Mai und Juni
Heilwirkung: herz- und gefäßstärkend, krampflösend, blutreinigend, schweißtreibend
Magische Wirkung: Waldmeister soll böse Mächte, Dämonen und Hexen abwehren, wird verwendet, um Geld und Wohlstand anzuziehen und soll bei Wettkämpfen den Sieg herbeiführen. In Liebestränke gemischt, begünstigt er Liebe und Harmonie.
Achtung: Nach der Einnahme (vor allem in hohen Dosen) können Kopfschmerzen auftreten. Hoch dosiert kann er zudem leberschädigend wirken.

Weißdorn

Verwendete Teile: Blätter, Blüten, Früchte, Wurzeln und Rinde
Erntezeit: Blätter und Blüten: Mai und Juni, Früchte: August bis Oktober
Heilwirkung: herzstärkend, beruhigend, durchblutungsfördernd, blutdruckregulierend
Magische Wirkung: Weißdorn soll fröhlich machen und Langeweile vertreiben, die Fruchtbarkeit steigern, andererseits aber – im Schlafzimmer versteckt – auch die Keuschheit bewahren. Er soll gegen böse Geister und Verhexung, Blitze und Sturmschäden schützen. Räucherungen und Schutzamulette sollen vor Krankheit bewahren und die Heilung unterstützen.
Achtung: Bei Herzinsuffizienz nur unter Absprache mit dem Arzt einsetzen!

Schlaf-gut-Likör

100 g Blütenhonig
1 EL Baldrianwurzel
1 EL getrocknete
Rosmarinnadeln
1 EL getrockneter
Basilikum

2 EL Johanniskraut
2 EL getrocknete
Melissenblätter
0,7 l Wodka
(40 % Vol.)
Abrieb einer Bio-Orange

Honig in einem Topf vorsichtig leicht erwärmen, sodass er sich verflüssigt. Kräuter hinzugeben und Wodka gut mit dem Kräuterhonig vermischen. Orangenschalenabrieb hinzufügen, einrühren und mit erwärmen. Den Likör in eine saubere Flasche füllen und fest verschlossen ca. 8 Wochen an einem dunklen, kühlen Platz (aber nicht im Kühlschrank) ziehen lassen. Dabei ab und an schütteln. Danach abfiltern, in eine frische, sterile Flasche umfüllen und weitere 2 Wochen ziehen lassen. Bei Schlafbeschwerden und Nervosität 2–3 Likörgläser trinken. Dunkel und kühl gelagert ist dieser beruhigende Likör ca. 6 Monate haltbar.

Bärlauchgeist zur Gedächtnisstärkung und Vorbeugung von Arteriosklerose.

2 Handvoll frische
Bärlauchblätter und/oder
-zwiebeln
1 l Doppelkorn oder
Weingeist

Bärlauch klein schneiden und mit dem Alkohol zusammen in eine weithalsige Flasche füllen. 2–3 Wochen an einem hellen, warmen Platz ziehen lassen, durch ein Tuch gießen und in eine dunkle Flasche abfüllen. Viermal täglich je 10–15 Tropfen, eventuell in etwas Wasser aufgelöst, einnehmen.

Blutwurzwein bei Darmbeschwerden, Durchfall und Magen-Darm-Entzündungen

| 2 Handvoll frische | Blutwurzwurzeln | 1 l Rotwein |

Wurzeln waschen, klein schneiden und mit dem Rotwein in eine gut verschließbare Flasche füllen. Das Ganze 3 Wochen ziehen lassen, dabei täglich schütteln. Durch ein Sieb gießen und in eine frische Flasche umfüllen. Als Darmkur 4 Wochen täglich ein Glas Blutwurzwein trinken. Bei länger anhaltenden oder starken Beschwerden ist ein Arzt aufzusuchen!

Gundermann-Wundöl bei eitrigen, schlecht heilenden Wunden und Brandverletzungen

1 Schraubdeckelglas voll
Gundermannkraut

etwas kalt gepresstes
Olivenöl

Frische Gundermannblätter gereinigt, aber ungewaschen im Mörser leicht anquetschen und in ein Schraubdeckelglas füllen. Fest zusammendrücken und mit Olivenöl bedecken. 2–3 Wochen an einen sonnigen Ort stellen. Danach Flüssigkeit durch ein Sieb gießen und in ein dunkles Glas füllen. Bei Bedarf ein Stück Watte oder Leintuch mit dem Öl tränken und betroffene Wunde mehrmals täglich damit betupfen.

Heuschnupfen-Nasentropfen

¼ TL Meersalz   ½ TL Gundermannblätter   1 TL Salbeiblätter

Salz mit ca. 250 Milliliter Wasser zusammen in einem Topf aufkochen, Gundermann und Salbei hinzufügen. Von der Herdplatte nehmen und 10 Minuten ziehen lassen. Durch ein Sieb gießen und in eine gut verschließbare Flasche abfüllen. Zur Anwendung in eine Pipettenflasche füllen und Nasentropfen mit der Pipette in die Nase träufeln. Eine Woche zunächst fünfmal, dann zwei- bis dreimal täglich anwenden, danach je nach Bedarf.

Frauenmanteltee bei Regelschmerzen, starker Blutung und Brustschmerzen

3 TL Frauenmantelkraut

Ca. 250 Milliliter Wasser aufkochen und Pflanzenkraut mit dem kochenden Wasser überbrühen. 10 Minuten ziehen lassen und durch ein Sieb gießen. Dreimal täglich eine Tasse trinken.

Holunderblütensalbe bei Zerrungen, Sonnenbrand und Frostbeulen

2 EL Holunderblüten (ohne Mittelstiele) 200 ml kalt gepresstes	Pflanzenöl (Olivenöl, Weizenkeimöl, Sonnenblumenöl)	30–40 g Bienenwachs ½ TL Propolistinktur

Holunderblüten in einem Topf langsam im Öl erhitzen. Beginnt das Öl zu kochen, von der Platte nehmen. Abkühlen lassen und in ein gut verschließbares Glas füllen. 3 Wochen an einem warmen Ort ziehen lassen und durch ein feines Sieb gießen (oder z. B. durch einen Kaffeefilter). Danach Holunderblütenöl nochmals erwärmen, Bienenwachs hinzugeben, schmelzen lassen und dabei gut verrühren. Vor dem Erkalten Propolistinktur beimengen und in kleine Tiegel abfüllen. Bei Bedarf auf die betroffene Stelle auftragen. Kühl und lichtgeschützt gelagert ist die Salbe mindestens ein halbes Jahr haltbar.

Melissen-Tupflösung bei Lippenherpes

6 gehäufte TL frische
Melissenblätter
1 sauberes Stück Stoff

Melissenblätter klein schneiden. ca. 500 Milliliter Wasser zum Kochen bringen und Blätter damit übergießen. 10 Minuten ziehen lassen und durch ein Sieb gießen. Abgekühlte Lösung in sterilisierte Schraubdeckelflaschen abfüllen (im Kühlschrank bis zu 2 Tage haltbar). Bei Bedarf ein sauberes Stück Stoff mit der Lösung tränken, auswringen und vorsichtig einige Minuten auf die betroffene Stelle auftupfen. Mehrmals täglich wiederholen.

Veilchenelixier bei Melancholie und Arbeitsunlust

15 g Veilchenblüten
und -wurzeln
20 g Süßholzwurzel

10 g Galgantwurzel
1 l Rotwein

Kräuter im Rotwein zum Kochen bringen, von der Herdplatte nehmen und über Nacht stehen lassen. Am Tag darauf nochmals kurz aufkochen, durch ein Sieb gießen und in eine gut verschließbare Flasche abfüllen. Über den Tag verteilt 2–3 Schnapsgläser davon trinken.

Veilchenöl gegen Bindehautentzündung und Augenreizungen

20 g getrocknete Veilchen   250 ml Olivenöl
1 TL Rosenöl   (kalt gepresst)

Veilchen und Rosenöl mit dem Olivenöl in ein gut verschließbares Glasgefäß geben. Das Ganze ca. 3 Wochen in die Sonne stellen, anschließend abfiltern und in eine Flasche abfüllen. Bei Bedarf Augenlider und Augenbereich mit dem Öl einreiben (Vorsicht: Nicht in die Augen kommen lassen!).

Abnehmtee

1 EL Kräutermischung aus Wacholderbeeren, Frauenmantelkraut, Schafgarbenkraut, Klettenwurzeln, Süßholzwurzeln, Heuhechelwurzel und Zimtstangen (zu gleichen Teilen)

Ca. 200 Milliliter Wasser zum Kochen bringen und Teemischung damit übergießen. 15 Minuten ziehen lassen und abfiltern. Mindestens 3 Tassen täglich trinken. Der Tee regt den Stoffwechsel an und unterstützt im Zusammenhang mit ausreichend Bewegung und einer ausgewogenen Ernährung das Abnehmen.

Wacholderbad gegen Muskelschmerzen

1 Handvoll
Wacholderbeeren

Wacholderbeeren in einem Mörser zerdrücken und 3 Stunden in 2 Liter kaltem Wasser ziehen lassen. Danach 15 Minuten in einem Topf aufkochen. Badezusatz durch ein Sieb gießen und ins Badewasser geben. Temperatur prüfen und darin ein ca. 20-minütiges Vollbad nehmen. Danach eine halbe Stunde ruhen.

Walderdbeerblätter-Gurgellösung bei Halsschmerzen

2 gehäufte TL
Walderdbeerblätter

Ca. 250 Milliliter Wasser zum Kochen bringen und Walderdbeerblätter damit überbrühen. 15 Minuten ziehen lassen und durch ein Sieb gießen. Mindestens 1 Minute mit der abgekühlten Lösung gurgeln oder 5 Minuten damit den Mund ausspülen.

Waldmeisterblätter-Auflage bei schlecht heilenden Wunden

einige frische Waldmeis-
terblätter (je nach Größe
der Wunde)
Mullbinde zum Fixieren

Waldmeisterblätter leicht anquetschen, auf die betroffene Stelle auflegen und mit einer Mullbinde fixieren. Ca. 1 Stunde wirken lassen und je nach Bedarf wiederholen. Wirkt auch gegen Kopfschmerzen und kühlend bei Entzündungen und Geschwüren.

Weißdornsirup bei Kreislaufbeschwerden

1 kg Weißdornbeeren
etwas Zucker
Saft von 2 Zitronen

Weißdornbeeren waschen, entsaften, abwiegen und die gleiche Menge an Zucker hinzugeben. Das Ganze in einem Topf unter Rühren aufkochen und Flüssigkeit zu einem Sirup einkochen lassen. Zitronensaft hinzugeben und unterrühren. Topf von der Platte nehmen, 10 Minuten auskühlen lassen und in geeignete, gut verschließbare Glasflaschen abfüllen. Bis zur Verwendung kühl aufbewahren. Je nach Bedarf und Geschmack einnehmen, z. B. in Wasser oder Tee oder zum Süßen von Obst und Desserts.

Köstliches Baldrian-Bohnen-Kräuterrisotto

(für 4 Portionen)	6 EL Sonnenblumenöl	40 g Schalotten (gehackt)
250 g dicke Bohnen	etwas Salz und Pfeffer	20 g Butter
(frisch oder TK)	1 Prise Zucker	2 EL Olivenöl
20 g eingelegte getrocknete	1 l Brühe	180 g Risottoreis
Tomaten	1 Lorbeerblatt	100 ml trockener Wermut
je 40 g Baldrian und	1 Knoblauchzehe (geschält	20 g geriebener Parmesan
Rauke (gewaschen)	und fein gehackt)	

Bohnen in ausreichend Salzwasser ca. 3 Minuten kochen, durch ein Sieb
gießen und aus der Hülse pellen. Tomaten abtropfen lassen und würfeln. Zwei
Drittel des Baldrians und Rauke blanchieren und ausdrücken. Mit dem
Sonnenblumenöl pürieren und mit Salz, Pfeffer und Zucker würzen. Brühe
zusammen mit dem Lorbeerblatt erhitzen. In einem weiteren Topf Knoblauch,
Tomatenwürfel und Schalotten in der Hälfte der Butter und im Olivenöl
erhitzen und ca. 2 Minuten andünsten. Reis kurz mitkochen, Wermut
hinzugeben und einkochen lassen. So viel von der Brühe hinzugeben, dass der
Reis gerade bedeckt ist. Bei mittlerer Temperatur 16–18 Minuten unter
Rühren kochen und Reis immer wieder mit Brühe bedecken. Kurz vor
Garzeitende Bohnen und Baldrian-Rauke-Pesto untermischen. Risotto
vom Herd nehmen, kurz ruhen lassen und übrige Butter und Parmesan
untermischen. Auf vorgewärmten Tellern mit den restlichen Kräutern
garniert servieren.

Bärenkräfte-Auflauf

(für 4 Portionen)
120 g Bärlauch
200 g Blattspinat
2 Schalotten

30 g Butter
etwas Salz, Pfeffer und
Muskatnuss (gerieben)
250 ml Sahne

1 Eigelb
3 EL Parmesan
(gerieben)

Backofen auf 200° C (Umluft: 180° C) vorheizen. Bärlauch und Blattspinat waschen, abtropfen lassen und von den Stielen befreien. Bärlauch in dünne Streifen schneiden. Schalotten fein hacken. Butter in der Pfanne zerlassen, Schalotten leicht andünsten. Bärlauch und Spinat hinzugeben und kurz mitdünsten, bis die Blätter zusammenfallen. Mit Salz, Pfeffer und Muskat würzen und ein wenig abkühlen lassen. Sahne mit dem Eigelb gut verquirlen, salzen und unter das Gemüse geben. Mischung in eine gefettete Gratinform füllen, Parmesan darüber streuen und im vorgeheizten Backofen ca. 15 Minuten goldbraun backen.

Deftiger Bärlauch-Rindfleisch-Topf

(für 4 Portionen)
1 kg Rindfleisch
(Schulter)
3 Zwiebeln

300 g Bärlauchblätter
6 EL Öl
etwas Salz und Pfeffer
2 TL Senf (mittelscharf)

2 Weißbrotscheiben
375 ml Brühe
125 ml helles Bier

Fleisch in mittelgroße Würfel schneiden. Zwiebeln schälen und grob würfeln. Bärlauchblätter waschen, trocken tupfen oder schütteln und in Streifen schneiden. Öl in einem großen Topf erhitzen und Zwiebeln darin goldgelb anbraten. Fleisch mit Salz und Pfeffer würzen, rundum mit Senf bestreichen und in den Topf zu den Zwiebeln geben. Weißbrot ohne Rinde in den Topf bröckeln, kurz anbraten und Brühe und Bier hinzugeben. Das Ganze aufkochen lassen und zugedeckt ca. 2 Stunden auf kleiner Flamme köcheln lassen. Dazu passen Spätzle oder Semmelknödel und grüner oder gemischter Salat.

Schweinekamm in Blutwurz-
Himbeer-Soße

(für 4 Portionen)
1 kg Schweinekamm (ohne Knochen)
250 ml Rotwein
250 ml Essig
1 gehäufter TL Majoran
1 gehäufter TL Thymian
1 gehäufter TL Rosmarin
10 Wacholderbeeren (getrocknet)
10 Pfefferkörner
150 g Himbeeren
4 cl Blutwurz (Schnaps)
500 g geschälte Tomaten
150 g Blauschimmelkäse
je 1 Prise Salz und Pfeffer
etwas gekörnte Brühe

Fleisch in einer ausreichend großen Schüssel in einer Marinade aus Rotwein, Essig, ca. 250 Milliliter Wasser, Kräutern und Gewürzen, Himbeeren und Blutwurz einlegen und 5 Tage ziehen lassen, dabei hin und wieder wenden. Danach aus der Marinade nehmen (Marinade beiseite stellen), abtrocknen und von allen Seiten scharf anbraten. Anschließend ein Viertelliter der Marinade sowie die Tomaten hinzugeben und zugedeckt ca. 80 Minuten schmoren lassen. Fleisch aus der Marinade nehmen, Käse hineinbröckeln, Soße mit Salz, Pfeffer und gekörnter Brühe würzen und glatt rühren (Schneebesen). Schweinekamm in Scheiben schneiden und kurz in der Soße ziehen lassen. Dazu passen Rotkohl und Klöße.

Zauberhafter „Wildkräuterhonig"

(für 4 Portionen)
4 Handvoll Gundermann
(Kraut und Blüten)
3 Handvoll frische
Löwenzahnblüten
(mit Kelch)

3 Handvoll frische Gänse-
blümchenblüten
1 Handvoll Gierschspitzen
1 Handvoll Brennnessel-
spitzen
15 Blätter Spitzwegerich

8 große Frauenmantel-
blätter
Saft einer Zitrone
500 g weißer Zucker
500 g brauner
Rohrzucker

Kräuter waschen und trocken schütteln oder trocken schleudern. Zusammen mit 1,5 Liter Wasser und dem Zitronensaft aufkochen und 10 Minuten köcheln lassen. Vom Herd nehmen und den Sud zugedeckt über Nacht ziehen lassen, dann durch ein Sieb gießen. Zucker hinzugeben, aufkochen, unter Rühren ca. 1–2 Stunden dickflüssig kochen und in Gläser abfüllen.

Frauenmantel-Spitzwegerich-Kuchen

(für 4 Portionen)

Für den Mürbeteig:
200 g Dinkelvollkorn-mehl
60 g weiche Butter
50 g Blütenhonig

Für die Füllung:
6 EL Frauenmantelblüten
6 EL Frauenmantelblätter
6 EL Spitzwegerichblätter
100 g Quark
2 EL Blütenhonig

50 ml süße Sahne
1 Ei
40 g gemahlene Nüsse

Mehl durchsieben und mit der zerstückelten Butter verkneten, 4–6 Esslöffel Wasser und Honig hinzufügen, kräftig durchkneten, zu einer Kugel formen und in Frischhaltefolie eingewickelt ca. 1 Stunde in den Kühlschrank stellen. Teig aus dem Kühlschrank holen und nach 10 Minuten ausrollen. Backofen auf 160° C (Umluft: 140° C) vorheizen, Kräuter waschen, trocken schleudern und zerkleinern. Quark, Honig, Sahne, Ei und Nüsse vermischen und Kräuter unterheben. Mürbeteig in einer Tortenform auslegen (Rand hochziehen), Kräutercreme auf dem Teig verteilen, glatt streichen und Kuchen ca. eine halbe Stunde backen.

Wildkräuter-Maultaschen für mehr Lebensenergie

(für 4 Portionen)
300 g Mehl
2 Eier
etwas Salz
4 EL Weißwein
etwas Mehl zum Bestäuben des Teigs

750 g Tomaten (gewaschen und ohne Stielansätze)
300 g Wildkräuter (Löwenzahn-, Bärlauch-, Schafgarben-, Gundermannblätter)
1 Brötchen vom Vortag

100 g Hartkäse (gerieben)
100 g Sahne
etwas Pfeffer
1 Prise Muskat
etwas Butter für die Auflaufform

Mehl mit Eiern, einer Prise Salz und Wein zu einem Teig verkneten, zu einer Kugel formen und mit Mehl bestreut und in Frischhaltefolie eingewickelt 30 Minuten ruhen lassen. Tomaten in Stücke schneiden und auf kleiner Flamme zugedeckt ca. 30 Minuten dünsten. Wildkräuter in Salzwasser blanchieren, abtropfen lassen und ausdrücken. Brötchenrinde abreiben, Brötchen kurz in Wasser einweichen und gut ausdrücken. Zusammen mit den Kräutern, der Hälfte des Käses und der Sahne pürieren und mit Salz, Pfeffer und Muskat würzen. Backofen auf 240° C (Umluft: 225° C) vorheizen. Nudelteig in 8 Portionen aufteilen und messerrückendick ausrollen. Auf die Hälfte der Teigplatten in 10-Zentimeter-Abständen jeweils 1 Teelöffel der Füllung verteilen, Zwischenräume mit wenig Wasser bepinseln. Andere Hälfte der Teigplatten jeweils daraufsetzen, leicht andrücken und Maultaschen ausstechen. Diese in köchelndem Salzwasser ca. 10 Minuten kochen. Tomaten grob pürieren, mit Sahne vermischen, salzen und pfeffern. Maultaschen in eine gefettete Auflaufform geben, mit Tomatensoße und übrigem Käse bedecken und ca. 10 Minuten überbacken.

Aphrodisischer Maikräuter-Salat

(für 4 Portionen)
300 g gemischter
Wildkräuterblattsalat
(Spitzwegerich, Löwen-
zahn, Gundermann und
Vogelmiere)

2 Avocados
1 EL Zitronensaft
50 g Quinoasprossen
etwas Brunnenkresse
3 EL Weißweinessig
1 TL Liebstöckel

3 EL Distelöl
2 EL Haselnussöl
1 Prise Muskat
etwas Salz und Pfeffer

Kräuter waschen, trocken schütteln und in mundgerechte Stücke schneiden.
Essig, Liebstöckel und Öl in einer großen Schüssel gut miteinander verrühren,
mit Muskat, Salz und Pfeffer würzen, Salatblätter hinzugeben und alles gut
vermischen. Ein wenig durchziehen lassen und frisch servieren.

Grießflammeri mit Holunderkompott

(für 6 Portionen)
500 g entstielte Holun-
derbeeren
120 g Honig
Saft einer Zitrone
2 EL Speisestärke

1 l Milch
etwas Vollrohrzucker nach
Geschmack
1 Vanilleschote (längs
geschlitzt)
40 g Butter

1 Prise Salz
220 g Vollweizengrieß
3 Eigelb
etwas Butter

Holunderbeeren mit 800 Milliliter Wasser und Honig auf kleiner Flamme ca.
15 Minuten köcheln lassen und mit Zitronensaft abschmecken. Speisestärke in
einer Schüssel mit ein wenig Wasser anrühren und damit das Holunderkompott
binden. Kompott kalt stellen oder warm servieren. Für das Grießflammeri
Milch, Zucker, Vanille, Butter und Salz zusammen aufkochen, Grieß
hinzugeben und ca. 15 Minuten bei niedriger Hitze kochen. Vanilleschote
herausnehmen, Eigelb untermischen, alles in eine flache Schüssel füllen und
erkalten lassen. Danach entweder mit einem Esslöffel kleine Klöße formen
oder stürzen und in Scheiben zerteilen und in etwas Butter goldgelb anbraten.
Holunderkompott auf Teller portionieren, Flammeri darauf anrichten, nach
Geschmack mit Zucker bestreuen.

Delikater Rehrücken mit Semmelklößen und Holunder-Apfel-Soße

(für 6 Portionen)
30 g getrocknete Steinpilze
400 ml Wildfond
6 Brötchen vom Vortag
300 ml Milch
2 EL Butter

3 Zwiebeln (fein gewürfelt)
2 EL gehackte Petersilie
3 Eier
etwas Salz und Pfeffer
2 kg Rehrücken (küchenfertig)

2 EL Öl
300 g Holunderbeeren
1 Apfel (entkernt, geschält, geviertelt und in Scheiben geschnitten)
1 EL Zucker
1 ½ EL Speisestärke

Pilze im Fond und in Scheiben geschnittene Brötchen in der Milch gut einweichen und ausdrücken. Zwiebeln in der Hälfte der Butter andünsten. Pilze klein hacken, Fond beiseite stellen. Pilze mit Zwiebeln, Petersilie und Eiern unter die Brötchenmasse mischen, salzen und pfeffern und zu 12 Klößen formen. Semmelklöße bei mittlerer Hitze ca. 15 Minuten in kochendem Wasser ziehen lassen. Backofen auf 175° C (Umluft: 160° C) vorheizen. Rehrücken würzen, mit Öl im Bräter anbraten und danach 35 Minuten im Ofen garen. Apfelscheiben mit restlicher Butter und Zwiebeln anbraten, Holunder kurz mitdünsten. Alles herausnehmen, Wildfond auf die Hälfte einkochen, Holunder, Apfel und Zwiebeln wieder dazugeben und 5 Minuten leicht köcheln lassen. Speisestärke anrühren, hinzufügen und alles mit Zucker, Salz und Pfeffer abschmecken. Rehfleisch in Scheiben schneiden und mit den Klößen und der Soße servieren.

Harmonisierende Zitronenmelisse-Steinpilzsuppe

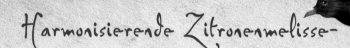

(für 4 Portionen)
1 Möhre
1 Stange Lauch
1 Zwiebel
500 g Steinpilze
1 EL gehackte Zitronen-
melisse

4 Stängel Petersilie
1 kleines Stück Sellerie
1 l Brühe
2 EL Butter
50 EL trockener Weiß-
wein
1 EL Mehl

150 ml Sahne
etwas Salz und Pfeffer
etwas Muskat (gerieben)
einige Melissenblätter zum
Garnieren

Möhre schälen und in Scheiben schneiden, Lauch putzen und in Röllchen schneiden. Zwiebel fein hacken. Steinpilze putzen und in Scheiben schneiden. Möhre, Lauch, Petersilie und Sellerie ca. 45 Minuten in der Brühe köcheln lassen, durch ein Sieb gießen und Brühe aufbewahren. Butter zerlassen und Steinpilze und Zwiebel darin anbraten. Weißwein hinzugeben und einreduzieren lassen. Brühe hinzugießen und ca. 20 Minuten bei niedriger Hitze köcheln lassen. Mehl und Sahne verquirlen und unter die Brühe mischen. Unter Rühren ca. 2 Minuten köcheln lassen. Mit Salz, Pfeffer und Muskatnuss würzen, Melisse untermischen und mit einigen Melisseblättern garniert servieren.

Zitronenmelissen-Pfefferminz-Essig für schnellere Heilung und Reinigung

(für ca. 1 Liter)
4 EL Zitronenmelisse
(frisch)
4 EL Pfefferminze
(frisch)
1 EL Blütenhonig
1 l Apfelessig

Kräuter waschen, trocken schütteln und klein hacken. Mit Honig und Essig vermengen und ca. 4 Wochen in einer gut verschließbaren Flasche ziehen lassen. Dabei immer wieder schütteln, sodass sich der Honig vollständig auflöst. Passt gut zu grünen Salaten, Zucchini, Gurken, Soßen, Suppen und Eintöpfen.

Unwiderstehliches Dorschfilet mit Rauke-Veilchen-Gemüse

(für 4 Portionen)	250 g Rauke	2 EL Olivenöl
400 g Kartoffeln	1 Handvoll Veilchenblüten	2 EL Butter
etwas Salz	400 g Dorschfilet	Saft einer Limette
1 Bund Dill	etwas Pfeffer	

Kartoffeln waschen, in Salzwasser garen und pellen. Dill, Rauke und Veilchen waschen und trocken schütteln bzw. trocken tupfen. Dill hacken, Raukeenden abschneiden. Dorschfilet mit Pfeffer und Salz würzen. Hälfte des Olivenöls erhitzen und Dorsch beidseitig ca. 5 Minuten darin anbraten, mit Limettensaft beträufeln. Kartoffeln in Scheiben geschnitten im übrigen Öl anbraten und salzen. Butter in einem Topf zerlassen, Rauke und Veilchen kurz darin schwenken und würzen. Zusammen mit dem Dorsch und den Kartoffeln anrichten und mit Dill bestreuen.

Ostara-Veilchenmakronen

(für 2 Portionen)	500 g Zucker	50 g Puderzucker
250 g Veilchenblüten	1 Eiweiß	

Backofen auf 110° C (Umluft: 90° C) vorheizen. Veilchenblüten mit dem Zucker vermengen und unter ständigem Rühren langsam erwärmen. Eiweiß zu einem steifen Schnee schlagen, gesiebten Puderzucker untermischen und erhitzen. Veilchenzucker nach und nach beimengen. Makronenteig mithilfe zweier Teelöffel häufchenweise in einigen Zentimetern Abstand auf einem mit Backpapier ausgelegten Backblech verteilen. Ca. 30 Minuten knusprig backen und auf einem Gitter abkühlen lassen.

Pastinakenfrikadellen mit Wacholdersoße

gegen negative Energien

(für 4 Portionen)
800 g Pastinaken
(gewaschen)
200 g mehlige Kartoffeln
(geschält)
1 Zwiebel

2 Eier
2 TL Instant-Gemüse-
brühe
4 EL Vollkornmehl
Salz und Pfeffer

geriebene Muskatnuss
(nach Geschmack)
Butterschmalz
1 EL Wacholderbeeren
5 EL Orangensaft
1 Becher Crème fraîche

Pastinaken, Kartoffeln und Zwiebel fein reiben und mit Eiern, Brühe, Mehl und Gewürzen verrühren. Teig zu handtellergroßen, flachen Frikadellen formen und in Butterschmalz auf mittlerer Flamme beidseitig goldbraun braten (fertige Frikadellen gegebenenfalls im Backofen warm halten). Wacholderbeeren im Mörser zerdrücken und 5 Minuten im Orangensaft köcheln lassen. Crème fraîche beimengen, nach Geschmack salzen und pfeffern.

Aromatische Yule-Wildschweinkeule in Wacholdermarinade

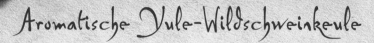

(für 1 Portion)
1,5 kg ausgebeinte Wild-
schweinkeule
4 cl Doppelwacholder
4 Wacholderbeeren
(zerdrückt)
etwas Thymian
etwas Pfeffer

150 g dünne Scheiben
Räucherspeck
etwas Salz
2 EL Butter
1 Zwiebel
150 ml Rotwein
1 Becher saure Sahne

Wildschweinkeule auseinanderklappen, mit Doppelwacholder übergießen und darin eine Stunde ziehen lassen. Öfter wenden und nach 30 Minuten Wacholderbeeren, Thymian und Pfeffer fest ins Fleisch drücken. Einige der Speckscheiben in die Keuleninnenseite legen, fest zusammenrollen und mit einem Stück Garn zusammenbinden, salzen und mit der Butter in einem Bräter rundum gut anbraten. Zwiebel schälen, in dünne Scheiben schneiden und kurz mitbraten. Wein hinzugießen. Keule mit den restlichen Speckscheiben belegen. Ca. 1,5 Stunden auf kleiner Flamme zugedeckt schmoren lassen, dabei ab und zu wenden. Soße mit saurer Sahne, Salz und Pfeffer abschmecken und durch ein Sieb passieren.

Beltane-Maitrank

(für 6 Portionen)
2 l trockener Weißwein
(oder naturtrüber
Apfelsaft)
1 Bund Waldmeister

1 l halbtrockenen Sekt
(oder Mineralwasser)
Eiswürfel
evtl. etwas Honig

Ca. 1 Liter Weißwein (oder Apfelsaft) in eine Bowleschüssel füllen, Waldmeister an einem Faden um die Stielenden in den Wein hängen und 2 Stunden ziehen lassen, dann Waldmeister entfernen. Mit dem restlichen Wein (oder Apfelsaft) und dem Sekt (oder Mineralwasser) auffüllen. Nach Geschmack mit Honig süßen und nach Bedarf mit Eiswürfeln kühlen. Variante: Klassischen Maitrank mit einem Schuss Himbeerlikör und einem Pfund Walderdbeeren verfeinern.

Waldmeister-Wackelpudding mit Vanillesoße

zur Aktivierung positiver Energien

(für 4 Portionen)
1 Bund Waldmeister
500 ml Apfelsaft
1 Päckchen Gelatinepulver

4 EL Waldmeistersirup
1 Vanilleschote
3 Eigelb
2 EL Vanillezucker
2 EL Zucker

1 EL Speisestärke
350 ml Milch
einige Waldmeisterblätter
zur Dekoration

Waldmeister waschen, trocken schütteln und an einem um die Stiele gewickelten Faden in den Apfelsaft gehängt aufkochen, sodass nur die Blätter in den Topf hängen. Von der Platte nehmen und 5 Minuten ziehen lassen. Saft durch ein Sieb in eine Schüssel gießen, Gelatine und Sirup unterrühren, bis sich die Gelatine aufgelöst hat. In 4 Gläser portionieren und über Nacht im Kühlschrank lassen. Für die Soße Vanilleschote längs aufschlitzen und Mark herausschaben. Vanillemark mit Eigelb, Vanillezucker, Zucker und Stärke gut verrühren, Milch und Vanilleschote hinzugeben und auf kleiner Flamme unter ständigem Rühren köcheln (nicht kochen!), bis die Soße eindickt. Schote entfernen, Soße in die Puddinggläser geben und mit Waldmeisterblättchen dekorieren.

Herzhaftes Schnitzel in Waldmeister-Sahnesoße

(für 4 Portionen)
4 Schnitzel (Schwein)
etwas Salz und Pfeffer

2 Zwiebeln
1 Handvoll Waldmeister
(Blätter ohne Stängel)
4 EL Pflanzenöl

150 ml Gemüsebrühe
125 ml Weißwein
4 EL Sahne

Schnitzel waschen, trocken tupfen, klopfen und mit Salz und Pfeffer würzen. Zwiebeln schälen und klein hacken. Waldmeisterblätter waschen, trocken schütteln und hacken. Schnitzel im erhitzten Öl in der Pfanne beidseitig ca. 3 Minuten gut anbraten. Zwiebeln und Waldmeister hinzugeben und auf kleiner Flamme kurz mitkochen. Brühe hinzugießen und leicht einreduzieren lassen. Wein und Sahne zugießen und mit Pfeffer und Salz abschmecken. Dazu schmecken z. B. Spätzle und Salat.

Fruchtige Walderdbeeren-Pfefferminz-Butter

(für 1 Portion)
1 Handvoll
Walderdbeeren

1 Handvoll
Pfefferminzblätter
1 EL Zucker

250 g weiche, fast
flüssige Butter
etwas Zitronensaft

Walderdbeeren und Pfefferminze waschen und trocknen tupfen. Minzblätter vom Stängel. Zusammen mit den Beeren und der Butter pürieren. Mit Zucker und Zitronensaft abschmecken. Für den baldigen Verzehr in Frischhaltefolie einrollen und kalt stellen, andernfalls einfrieren.

Marinierte Sardinen mit köstlichen Walderdbeeren

(für 8 Portionen)
20 frische Sardinen
50 g Zwiebeln

3 TL Weißweinessig
100 g Walderdbeeren
2 TL Olivenöl

1 TL Zitronensaft
20 g Petersilienblätter
1 TL Honig

Sardinen waschen, trocken tupfen, ausnehmen, Kopf und Gräten entfernen. Zwiebeln schälen und fein hacken, mit Weißweinessig mischen und Sardinen über Nacht in der Zwiebel-Essig-Marinade einlegen. Danach herausnehmen, auf Tellern anrichten und Walderdbeeren darüber verteilen. Öl, Zitronensaft, Petersilie und Honig gut verrühren und über die angerichteten Sardinen und Walderdbeeren träufeln.

Sonnwend-Walderdbeer-Cremeherzen

(für 4 Portionen)   2 Eiweiß   2 Holunderblütendolden

300 ml Crème double   115 g Stachelbeeren   24 Walderdbeeren

Zucker (nach Geschmack)

Crème double cremig, Eiweiß steif schlagen. Eischnee unter die Crème double heben. Crememasse in mit feuchten Tüchern ausgelegte herzförmige Schälchen füllen und über Nacht an einem kühlen Ort ruhen lassen. Für den Stachelbeer-Holunder-Sirup Stachelbeeren mit 2 Esslöffel Wasser und Zucker auf kleiner Flamme weich kochen. Holunderblüten einige Minuten im Sirup ziehen lassen und in einen kleinen Krug abgefüllt abkühlen lassen. Cremeherzen auf Teller stürzen, Walderdbeeren darauf verteilen und mit etwas Stachelbeer-Holunder-Sirup übergießen.

Stärkende Herbstsuppe

(für 4 Portionen)
240 g frische, unverholzte Wurzeln von Nachtkerze, Klette, Pastinake und Löwenzahn sowie einige Wurzelscheiben von Waldengelwurz und Alant
2 EL Weißdornfrüchte
2 EL Berberitzenfrüchte
1 EL Rapsöl
1 l Brühe
125 ml Weißwein
2 EL Crème fraîche
etwas Salz
2 EL geröstete Kürbiskerne (gesalzen)
1 Prise Chili

Wurzeln gut reinigen und in dünne, mundgerechte Scheiben schneiden. Zusammen mit Weißdorn- und Berberitzenfrüchten in Öl anbraten. Einige Wurzelscheiben und Früchte beiseite stellen. Den Rest mit Brühe und Weißwein übergießen, ca. 10 Minuten köcheln lassen, pürieren und durch ein Sieb gießen. Crème fraîche in die Suppe geben, kurz aufkochen lassen und mit Salz abschmecken. Mit den beiseite gestellten Wurzeln und Früchten garniert und mit Kürbiskernen und Chili bestreut servieren.

Birnen-Weißdorn-Creme

gegen Liebeskummer

(für 4 Portionen)
150 g Weißdornbeeren
4 Birnen
(in Scheiben geschnitten)
50 ml Apfelsaft
½ TL Vanillezucker
4 EL Honig
50 ml Sahne
150 g Sahnequark

Weißdornbeeren, Birnenscheiben und Apfelsaft zusammen in einem Topf aufkochen und ca. 10 Minuten köcheln lassen. Kompott durch ein feines Sieb streichen, gut mit Vanillezucker und Honig verrühren und abkühlen lassen. Sahne steif schlagen, zusammen mit dem Sahnequark unterheben und Creme in Schalen portioniert servieren.

Weißdornpesto für mehr Lebenslust

500 g Weißdornbeeren
2 Knoblauchzehen
125 g Parmesan
125 g Pinienkerne
10 EL Olivenöl
Salz und Pfeffer

Weißdornbeeren mit wenig Wasser weich dünsten, pürieren und durch ein Sieb passieren. Knoblauch schälen und durch eine Knoblauchpresse drücken. Weißdornmus zusammen mit Parmesan, Knoblauch und Pinienkernen im Mixer pürieren. Olivenöl dazugeben und mit Salz und Pfeffer abschmecken. Schmeckt gut zu Nudeln und Rindercarpaccio oder als Brotaufstrich.

Auf den Wald und auf die Wiese,
Mit dem ersten Morgengrau,
Träuft ein Quell vom Paradiese,
Leiser, frischer Maientau;
Was den Mai zum Heiligtume
Jeder süßen Wonne schafft,
Schmelz der Blätter, Glanz der Blume,
Würz' und Duft, ist seine Kraft.

(Ludwig Uhland (1787–1862))

Angelika/Engelwurz

Verwendete Teile: Wurzel, Samen
Erntezeit: zeitiges Frühjahr oder Spätherbst
Heilwirkung: abwehrsteigernd, keimtötend, kräftigend, blähungstreibend, schleimlösend, auswurfsfördernd, krampflösend, nervenstärkend, blutreinigend
Magische Wirkung: Angelika war früher Bestandteil vieler Lebenselixiere und Zaubermittel, etwa für Verjüngungstränke. Angelikaduft soll zu neuen Gedanken und Problemlösungen inspirieren. Hängt man die Blätter in jede Ecke des Hauses, soll sie Böses fernhalten. Gegen bösen Zauber und Flüche wurde sie ins Badewasser gegeben.
Vorsicht: Leicht zu verwechseln mit dem giftigen Schierling. Keinesfalls während der Schwangerschaft, bei Diabetes und bei Magen- oder Darmgeschwüren verwenden. Hochdosiert kann die Pflanze negative Auswirkungen auf das zentrale Nervensystem haben. Kann zu erhöhter Lichtempfindlichkeit führen.

Apfel

Verwendete Teile: Früchte, Blüten, Blätter, Knospen
Erntezeit: Ende Juli bis Oktober
Heilwirkung: verdauungsanregend
Magische Wirkung: Der Apfel symbolisiert Liebe, Weisheit, Vollkommenheit, Leben, Erde und Fruchtbarkeit sowie ewige Jugend. Er war Göttinnen verschiedener Kulturen zugeordnet, etwa Ischtar, Hera, Venus und Iduna. In der Antike galt das Zuwerfen eines Apfels als Liebesbekundung. Auch in Liebeszaubern soll das Überreichen oder Teilen eines Apfels Liebe stiften. Avalon, die keltische Anderswelt der Feen, Elfen, Ahnen und Götter heißt übersetzt Apfelland.

Brennnessel

Verwendete Teile: Kraut, Wurzeln, Samen
Erntezeit: Mai bis Juli
Heilwirkung: blutreinigend, blutbildend, harntreibend, haarwuchsfördernd
Magische Wirkung: Wegen ihrer brennenden Wirkung bei Hautberührung vermutete man, dass Brennnesseln von dämonischen Wesen bewohnt seien. Als Schutzzauber stopft man die Brennnesseln in eine Puppe oder ein Säckchen, um Flüche abzuwenden oder zurückzusenden. Verbrennt man das Kraut, sollen Gefahren abgefangen werden, in der Hand gehalten soll man damit Geister vertreiben können.

Gänseblümchen

Verwendete Teile: Blüten, Blätter
Erntezeit: März bis Oktober
Heilwirkung: wundheilend. auswurffördernd, entzündungshemmend
Magische Wirkung: Die Kelten glaubten, Gänseblümchen könnten das Wachstum beeinflussen. In der nordischen Mythologie waren sie der Göttin Freya gewidmet und dienten als Ritualschmuck. Ein mit sich getragenes Gänseblümchen soll dem Träger zur Liebe verhelfen, unters Kopfkissen gelegt, sollen die Pflanzen nach einer Trennung den verlorenen Geliebten zurückkehren lassen. Gänseblümchen im Garten sollen Pflanzengeister und Elfen anziehen. Sie sollen auch mit Neugeborenen in Verbindung stehen und werden bei Kindssegnungen und für den Schutz der Kinderschlafstätte eingesetzt.

Johanniskraut

Verwendete Teile: blühendes Kraut, Blüten
Erntezeit: Ende Juni bis September
Heilwirkung: stimmungsaufhellend, antidepressiv, beruhigend, krampflösend
Magische Wirkung: Im Mittelalter wurde Johanniskraut zur Abwehr von Unheil und Krankheiten eingesetzt. Da es böse Geister austreiben sollte, gab man Geisteskranken Johanniskrauttee zu trinken. Es sollte auch vor bösem Hexenzauber und Gewitter schützen. Als Hexenkraut wird es in der Johannisnacht geerntet.
Vorsicht: Johanniskraut sollte über einen längeren Zeitraum hinweg (ca. 3 Wochen) eingenommen werden. In dieser Zeit ist übermäßige Lichteinwirkung zu meiden.

Kamille

Verwendete Teile: Blüten
Erntezeit: Juli und August
Heilwirkung: krampflösend, antibakteriell, entzündungshemmend, schmerzlindernd, schweißtreibend
Magische Wirkung: Kamille wurde als Pflanze Asgards, des nordischen Göttersitzes, angesehen. Man glaubte daher auch, durch das Verbrennen der Pflanze direkt mit den Göttern in Kontakt treten zu können. Auch glaubte man, Kamille könne Flüche abwenden. Kindern hängte man zum Schutz Kamillensträußchen über das Bett. Da sie auch das Geld anziehen soll, wuschen Spieler ihre Hände oft in einem Kamillenbad.
Vorsicht: Kamille wirkt austrocknend, weshalb ihre äußerliche Anwendung bei sehr trockener Haut nicht anzuraten ist. Bei einigen Allergikern kann sie zu Hautreizungen führen. Nie in die Augen gelangen lassen!

Linde

Verwendete Teile: Blüten, Blätter
Erntezeit: 1–4 Tage nach Öffnen der Blüte
Heilwirkung: entzündungshemmend, schleimlösend, schweißtreibend, krampflösend, beruhigend
Magische Wirkung: Die Linde gilt als Glücksbringer und Freund des Menschen. Sie spendete Schutz vor bösen Geistern und Gewittern und diente als Sympathiepflanze, auf die sich Krankheiten übertragen lassen. Aufgrund ihrer herzförmigen Blätter gilt sie als Liebesbaum, der den Liebesgöttinnen verschiedener Kulturen zugeordnet war. Daher werden ihre Blätter auch bei Liebeszaubern verwendet. Zudem gilt sie als Baum der Unsterblichkeit. Aus Lindenholz werden auch Talismane hergestellt.

Löwenzahn

Verwendete Teile: Blätter, Blüten, Knospen, Stängel, Wurzeln
Erntezeit: junge Blätter: März und April, Blüten/Knospen und Stängel: April und Mai
Heilwirkung: verdauungsfördernd, harntreibend, entgiftend, stoffwechselanregend
Magische Wirkung: Der Löwenzahn dient zu Samhain (der Nacht vor Allerheiligen) dem Samhainritual zur Weissagung und Totenbeschwörung. Jeder Wunsch sollte in Erfüllung gehen, wenn man sich den Körper mit Löwenzahn einrieb. Ein aus gerösteten und gemahlenen Löwenzahnwurzeln gebrühter Tee wird zur Förderung übersinnlicher Kräfte genutzt.

Sauerampfer

Verwendete Teile: Blätter
Erntezeit: zeitiges Frühjahr bis Spätsommer
Heilwirkung: blutbildend, blutreinigend, harntreibend, adstringierend
Magische Wirkung: Ein Sauerampferamulett sollte am linken Arm getragen unfruchtbaren Frauen reichen Kindersegen bescheren. Sauerampfersamen werden für Geldrituale und Geldräucherungen verwendet. Der Aufguss wird in Geschäften verspritzt, um Kunden anzuziehen.
Vorsicht: Nur die frischen, jungen Blätter verwenden. Zu große Mengen können – vor allem bei Kindern – zu Vergiftungen
mit Krämpfen und Lähmungserscheinungen führen.

Schafgarbe

Verwendete Teile: alle Pflanzenteile, besonders die Blüten
Erntezeit: Juli und August
Heilwirkung: blutstillend, blutreinigend, krampflösend, entzündungshemmend
Magische Wirkung: In der Hand gehalten soll die Schafgarbe die Angst nehmen und Mut geben. Zudem soll sie, bei sich getragen, ihren Träger beschützen, Liebe und Freundschaften anziehen und beim Wiederanknüpfen vergangener Beziehungen helfen.
Zudem wird sie bei Orakeln, Weissagungen und Exorzismen verwendet.
Vorsicht: Zu hoch dosiert kann die Schafgarbe zu Hautreizungen und Kopfschmerzen führen. Bei einer Überempfindlichkeit auf Korbblütler sollte sie nicht verwendet werden.
In der Schwangerschaft ist sie zu meiden.

Spitzwegerich

Verwendete Teile: Blätter, Wurzeln, Samen
Erntezeit: April bis Juni oder September und Oktober
Heilwirkung: antibakteriell, desinfizierend, adstringierend, blutreinigend, blutstillend
Magische Wirkung: Als Räucherung sollte der Spitzwegerich Zauberei abwehren. Als Amulett getragene Spitzwegerichwurzeln sollen von Liebeszauber befreien und vor Gericht, gegen Geister und Fieber helfen.

Thymian

Verwendete Teile: Blätter, Blütenstände
Erntezeit: April bis Oktober
Heilwirkung: blutstillend, entzündungshemmend, schleimlösend, schmerzstillend, krampflösend
Magische Wirkung: Die alten Griechen und Römer glaubten, dass die Pflanze Mut und Kraft verlieh. Soldaten nahmen daher vor großen Schlachten ein Thymianbad. Schon seit der Antike gilt er als Aphrodisiakum, im Mittelalter war er gar als Rauschmittel bekannt. Er sollte, unter das Kopfkissen gelegt, vor Albträumen schützen. Thymian dient in Räucherungen der Reinigung von Ritualräumen, Heilzaubern und der Steigerung übersinnlicher Fähigkeiten.
Vorsicht: Thymian sollte nicht über längere Zeit oder in größeren Mengen angewendet werden, da er zu Magen-Darm-Reizungen und Stoffwechselstörungen führen kann. Zu vermeiden in der Schwangerschaft und bei Erkältungen von Säuglingen.

Engelwurzsalbe gegen Nasennebenhöhlen-entzündung und Schnupfen

35 g Lanolin (Apotheke)
2 g geraspeltes Bienenwachs
2 EL Johanniskrautöl

15 Tropfen ätherisches
Engelwurzöl
5 Tropfen ätherisches

Majoranöl
1 Tropfen ätherisches
Thymianöl

Lanolin, Bienenwachs und Johanniskrautöl in einem Glas vermischen und in einem heißen Wasserbad bis zum Schmelzen der festen Bestandteile erhitzen. Glas aus dem Wasserbad nehmen und gründlich umrühren, bis die Mischung auf Handwärme abgekühlt ist. Die ätherischen Öle hinzugeben und gut einrühren. Zum Schluss die Salbe in kleine Salbentiegel abfüllen. Gut verschließen und mit Inhalt und Datum beschriftet kühl lagern (am besten im Kühlschrank). Bei Nebenhöhlenentzündungen, Schnupfen und Stockschnupfen zweimal täglich auf Stirn, Wangen und Nase reiben.

Karminativum gegen Blähungen

5 g Fenchelsamen
3 g Angelikawurzel
3 g Kümmel
3 g Anis
3 g Liebstöckelwurzel

2 g Pfefferminzblätter
1 g Kamillenblüten
120 ml Doppelkorn
(40 % Vol.)

Kräuter im Mörser zerstoßen oder mit dem Messer klein hacken. Kräuter bis zur Hälfte in ein Schraubdeckelglas füllen und mit Doppelkorn aufgießen. Glas dicht verschließen und 3–4 Wochen an einem warmen Platz stehen lassen. Flüssigkeit (z. B. durch einen Kaffeefilter) in ein zweites Glas abfiltern und in eine dunkle, gut verschließbare Flasche umfüllen. Flasche fest verschließen, mit Inhalt und Datum beschriften und an einem dunklen, kühlen Ort aufbewahren (mindestens ein Jahr haltbar). Bei Blähungen 20–30 Tropfen des Karminativums einnehmen.

Apfelknospenöl bei Migräne

20 g frische Frühlingsap-
felknospen
100 g Olivenöl

Apfelbaumknospen und Olivenöl zusammen in ein Glas füllen und 1 Woche dicht verschlossen an einem sonnigen Ort stehen lassen. Bei ersten Migräneanzeichen Apfelknospenöl auf Stirn, Kopf und Schläfen einmassieren, als Kur 4–6 Wochen täglich vor dem Schlafengehen 1–2 Esslöffel des Öls benutzen.

Brennnesseltonikum gegen Schuppen und Haarausfall

300 g Brennnesselwurzeln
500 ml Weinessig

Brennnesselwurzeln klein hacken, zusammen mit 1 Liter Wasser in einen Topf geben und den Weinessig hinzufügen. Das Ganze 30 Minuten kochen. Danach Wurzelstückchen abfiltern, Tinktur abkühlen lassen und in eine gut verschließbare Flasche abfüllen. Haarwasser mindestens einmal wöchentlich ca. 3 Minuten in die Kopfhaut einmassieren.

Brennnessel-Gesichtsdampfbad gegen Akne und unreine Haut

5 EL Brennnesselblätter

Brennnesseln in eine ausreichend große Schüssel geben. 1 Liter Wasser zum Kochen bringen und Brennnesseln damit übergießen. Gesicht (am besten mit einem Handtuch über Kopf und Schüssel) in ausreichendem Abstand über das Dampfbad halten und den aufsteigenden Dampf ca. 10 Minuten auf die Gesichtshaut einwirken lassen.

Gänseblümchenumschlag bei Ekzemen, Furunkeln und Geschwüren

5 EL Gänseblümchen-
blüten

Mulllappen oder Watte,
Mullbinde

Blüten in eine Schüssel geben. 250 Milliliter Wasser zum Kochen bringen und Blüten mit dem kochenden Wasser übergießen. Ca. 10 Minuten ziehen lassen und durch ein Sieb gießen, Blüten entfernen. Mulllappen oder Watte mit der Tinktur tränken und auf die betroffene Stelle legen. Mit der Mullbinde fixieren. Umschlag mehrmals täglich wechseln.

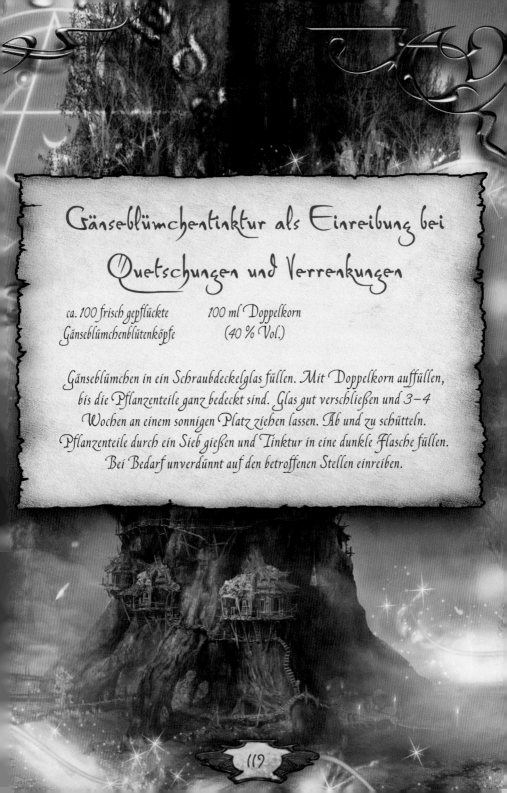

Gänseblümchentinktur als Einreibung bei Quetschungen und Verrenkungen

ca. 100 frisch gepflückte   100 ml Doppelkorn
Gänseblümchenblütenköpfe   (40 % Vol.)

Gänseblümchen in ein Schraubdeckelglas füllen. Mit Doppelkorn auffüllen,
bis die Pflanzenteile ganz bedeckt sind. Glas gut verschließen und 3–4
Wochen an einem sonnigen Platz ziehen lassen. Ab und zu schütteln.
Pflanzenteile durch ein Sieb gießen und Tinktur in eine dunkle Flasche füllen.
Bei Bedarf unverdünnt auf den betroffenen Stellen einreiben.

Johanniskrautöl bei leichten Verbrennungen und rheumatischen Beschwerden

1 ½ Handvoll frische   250 ml Olivenöl
Johanniskrautblüten

Die Blätter vorsichtig abzupfen, in ein Schraubglas füllen und mit dem Olivenöl auffüllen. Gut verschließen und 4–6 Wochen an einem warmen, sonnenbeschienenen Ort (z. B. Fensterbank) aufbewahren. Währenddessen das Glas alle 2–3 Tage durchschütteln. Ansatz durch ein dünnes Leintuch abfiltern, Pflanzen gut auspressen und das Öl in eine mit kochendem Wasser gereinigte dunkle Flasche abfüllen. Bei Bedarf betroffene Stelle mit dem Öl einreiben. Dunkel aufbewahrt ist das Öl ca. 1 Jahr haltbar.

Johanniskrauttee bei Unruhe, Angst und depressiver Verstimmung

1 Handvoll frisches   (oder 2 TL getrocknetes
Johanniskraut   Kraut)

Johanniskraut in eine Tasse geben, Wasser für 1 Tasse (ca. 250 Milliliter)
aufkochen und Kraut mit dem kochenden Wasser übergießen. 10 Minuten
zugedeckt ziehen lassen, danach durch ein Teesieb abgießen und frisch trinken.
Dreimal täglich eine Tasse.

Kamillenbad bei Hautentzündungen und Krämpfen

300 g Kamillenblüten

Kamillenblüten mit 3 Liter kochendem Wasser überbrühen. Das ganze 15 Minuten ziehen lassen und durch ein Sieb gießen. Kamillenblütenaufguss dem Badewasser (ca. 28–38° C) hinzufügen und ein ca. 15–20 Minuten langes Bad darin nehmen.

Kamillensäckchen bei Ohrenschmerzen

1 Handvoll getrocknete
Kamillenblüten
Schnur zum Zubinden

1 dünnes Baumwolltuch
(z. B. ein großes
Taschentuch)

Kamillenblüten auf dem Tuch auslegen, Enden oben zusammennehmen und zu einem Säckchen zusammenbinden. Kamillensäckchen mithilfe einer oder besser noch 2 Wärmflaschen erhitzen. Temperatur prüfen. Das gut durchwärmte Säckchen auf das schmerzende Ohr legen und mit einem Schal oder einer Mütze fixieren. 30 Minuten einwirken lassen, zwei- bis dreimal täglich wiederholen. Ein Säckchen lässt sich so lange wiederverwenden, bis der Duft nachgelassen hat (meist 4–5 Behandlungen).

Lindenblütentee bei fiebriger Erkältung

1 TL getrocknete
Lindenblüten

Wasser für 1 Tasse (ca. 250 Milliliter) bis zum Kochen erhitzen, Lindenblüten mit dem Wasser übergießen und das Ganze 10 Minuten ziehen lassen. Durch ein Teesieb filtern, je nach Geschmack mit etwas Honig süßen und möglichst heiß trinken (4–5 Tassen pro Tag).

Lindenblüten-Badezusatz bei Nerven- schmerzen und Nervosität

2 Handvoll Lindenblüten

Ca. 1 Liter Wasser aufkochen und Lindenblüten damit überbrühen. Das Ganze 20 Minuten ziehen lassen, durch ein Sieb gießen und in ein Vollbad geben. Die Badedauer sollte ca. 20 Minuten betragen.

Löwenzahnblütenmassageöl bei Verspannung und Gelenkschmerzen

2 Handvoll
Löwenzahnblüten
Olivenöl

Löwenzahnblüten in ein Schraubdeckelglas füllen, fest zusammendrücken und mit Olivenöl auffüllen, bis die Blüten ganz mit Öl bedeckt sind. Glas fest verschließen und 4–6 Wochen an einem warmen, hellen Ort aufbewahren. Währenddessen immer wieder schütteln. Danach Pflanzenteile abfiltern und das fertige Öl in eine dunkle Flasche umfüllen. Lichtgeschützt aufbewahren. Bei Bedarf das Öl großflächig in den betroffenen Bereich einmassieren.

Sauerampferabführwein

1,5 g pulverisierte
Sauerampferwurzel
100 ml Rotwein

Sauerampferwurzelpulver in eine dunkle Flasche geben, mit Rotwein aufgießen und 8 Tage ziehen lassen. Bei Bedarf zweimal täglich ein Schnapsglas davon vor den Mahlzeiten einnehmen.

Schafgarbensitzbad bei Unterleibsbeschwerden und Rückenschmerzen

100 g Schafgarbenkraut

Ca. 1 Liter Wasser aufkochen, Schafgarbenkraut mit dem heißen Wasser übergießen. Konzentrat 20 Minuten zugedeckt ziehen lassen. Durch ein Sieb gießen und in warmes Wasser für ein Sitzbad geben. Ca. 15 Minuten im Sitzbad bleiben.

Schafgarbenblütenmassageöl bei Bauchschmerzen und Menstruationskrämpfen

2 Handvoll Schafgarben-blüten (voll geöffnet)   *250 ml Öl*   *(z. B. Mandelöl oder Jojobaöl)*

Schafgarbenblüten in eine saubere weithalsige Flasche füllen und mit dem Öl auffüllen. Flasche gut verschließen und 3–4 Wochen in der Sonne stehen lassen. Während dieser Zeit täglich schütteln. Durch ein Sieb gießen und Blüten entfernen, in eine dunkle Flasche umfüllen und lichtgeschützt aufbewahren (ca. 1 Jahr haltbar). Bei Bedarf einige Tropfen sanft in die Bauch- bzw. Unterleibsgegend einmassieren.

Spitzwegerich-Hustenbonbons

100 g frische, junge
Spitzwegerichblätter
1 EL getrockneter
Thymian
1 Anisstern
750 g brauner Zucker
25 g Butter

Spitzwegerichblätter waschen, trocken schütteln und zerkleinern. Mit Thymian und Anis in einen Topf mit 500 Milliliter Wasser geben und 30 Minuten kochen. Durch ein Sieb gießen, Pflanzenteile entfernen, Zucker und Butter einrühren und nochmals alles unter Rühren auf kleiner Flamme bis zur Zähflüssigkeit einkochen lassen. Masse auf einem Backpapier erkalten lassen und in mundgerechte Stücke portionieren.

Spitzwegerichsalbe gegen Insektenstiche

2 Handvoll junger, frischer
Spitzwegerichblätter
250 ml Olivenöl
20 g Bienenwachs
15 Tropfen Teebaumöl

Spitzwegerichblätter waschen, trocken schütteln und zerkleinern. In einem Topf mit dem Öl 30 Minuten auf kleiner Flamme erhitzen. Das Ganze über Nacht ziehen lassen. Am nächsten Tag durch ein Sieb gießen, Pflanzenteile entfernen, zusammen mit Teebaumöl in einem Glas in ein Wasserbad geben. Schwach erhitzen, Bienenwachs hinzugeben und unterrühren. In einen Salbentiegel umfüllen, abkühlen lassen und beschriften (ca. 1 Jahr haltbar). Bei Bedarf Salbe auf der betroffenen Stelle einmassieren.

Thymianbalsam bei Erkältung, Bronchitis und akutem Asthma

2 Sträuße Thymiankraut
200 g Vaseline oder
Melkfett
(Drogeriemarkt)

Thymian grob zerkleinern, Melkfett auf kleiner Flamme zum Schmelzen bringen, Thymiankraut hinzufügen und einrühren. Mischung erkalten lassen. 7 Tage täglich neu erwärmen und abkühlen lassen. Am 7. Tag Thymianteile abfiltern. Einen frischen Strauß hinzufügen und die Prozedur 7 Tage wiederholen. Am letzten Tag Pflanzteile nochmals abfiltern und warmes Balsam in Tiegel abfüllen. Bei Bedarf Brust mit dem Balsam einreiben und diese beim Inhalieren warm halten.

Hexenbesen

(Kandierte Engelwurzstiele)

(für 1 Portion)
200 g Engelwurzstiele
250 g Zucker
Saft einer halben Zitrone
Puderzucker zum
Bestreuen

Engelwurzstiele von den Blättern befreien und in ca. 10–15 Zentimeter lange Stücke schneiden. Kurz in 500 Milliliter kochendem Wasser blanchieren, auf Küchenkrepp gut abtropfen und abkühlen lassen, Haut und Fäden abziehen. Zucker mit Wasser und Zitronensaft zu einem dickflüssigen, gut haftenden Sirup verkochen. Engelwurzstreifen ca. 5 Minuten im Sirup ziehen lassen, herausnehmen und auf einem Backblech auslegen. Mit Puderzucker bestreuen, sodass die Stiele gut bedeckt sind. Im vorgeheizten Backofen bei 75° C (Umluft: 50° C) eine Stunde trocknen. In einer Blechdose aufbewahren.

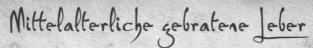

Mittelalterliche gebratene Leber

mit Apfelsoße

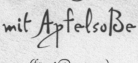

(für 4 Portionen)

150 g getrocknete
Apfelringe

500 ml naturtrüber
Apfelsaft

500 ml Sahne

20 g Kümmel (gemahlen)

4 große Scheiben Leber

Salz und Pfeffer zum
Abschmecken

Apfelringe ca. 3 Stunden in Apfelsaft einlegen. Apfelsaft abgießen.
Eingeweichte Apfelringe mit Sahne und Kümmel in einen Topf geben
und kurz aufkochen. Bei niedriger Temperatur zu einer dickflüssigen Soße
einkochen lassen. Währendessen Leberscheiben bei mittlerer Temperatur
beidseitig anbraten. Abschließend die Soße kurz pürieren, nach Geschmack mit
Salz und Pfeffer abschmecken und mit den Leberscheiben zusammen servieren.

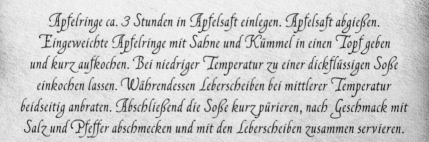

In Weißwein gedünstete

Samhain-Bratäpfel

(für 4 Portionen)
4 große säuerliche Äpfel
(z. B. Boskop,
Cox Orange)
4 EL Johannisbeergelee
20 Rosinen

4 TL Mandeln (gestiftelt)
4 TL Butter
250 ml Weißwein
1 TL Zimt
4 TL Zucker

Äpfel waschen, gut abreiben, nicht schälen. Kerngehäuse mit einem Apfelausstecher so ausstechen, dass der Apfelboden intakt bleibt. Johannisbeergelee mit Rosinen und Mandeln vermischen und in die Äpfel füllen. Jeden Apfel mit 1 Teelöffel Butter bedecken. Wein in eine Auflaufform füllen, Äpfel vorsichtig hineinstellen und im vorgeheizten Backofen 200° C (Umluft: 180° C) ca. 20 Minuten braten bis sie aufplatzen. Dann aus dem Ofen nehmen. Zimt und Zucker vermischen und Äpfel mit dem Zimtzucker bestreuen. Dampfend heiß servieren.

Johannistags-Brennnessel-Pfannkuchen

(für 2 Portionen)
125 g Mehl
2 Eier

250 ml Milch
1 Prise Salz
2 Handvoll Brennnessel-
blätter

etwas Öl (z. B. Sonnenblumenöl)
1 EL Butter

Mehl in einer Rührschüssel mit Eiern, Milch und Salz zu einem glatten Teig verrühren. Den Teig 30 Minuten zugedeckt stehen lassen. Brennnesseln klein hacken und mit dem Teig vermischen. Öl in einer kleinen Pfanne erhitzen, je eine Kelle Teig in die heiße Pfanne geben und beidseitig goldgelb backen. Ergibt ca. 6 kleine Pfannkuchen.

Brennesselgemüse zum Schutz vor Geldsorgen

(für 4 Portionen)
300 g geräuchertes Fleisch
oder geräucherter Schinken
400 g Möhren

300 g frische Brennnesseln
1 l Fleisch- oder
Gemüsebrühe

Fleisch bzw. Schinken würfeln, Möhren in Scheiben schneiden, Brennnesseln waschen, trocken schütteln und hacken. Brühe in einem großen Topf bis zum Kochen erhitzen. Fleisch und Möhren hinzugeben und ca. 20 Minuten garen. Brennnesseln hinzufügen und ca. 5 Minuten mitkochen lassen. Brennnesselgemüse abschöpfen und in tiefe Teller portionieren. Dazu schmeckt frisches Brot.

Gänseblümchen-Quark-Aufstrich für innere Reinigung

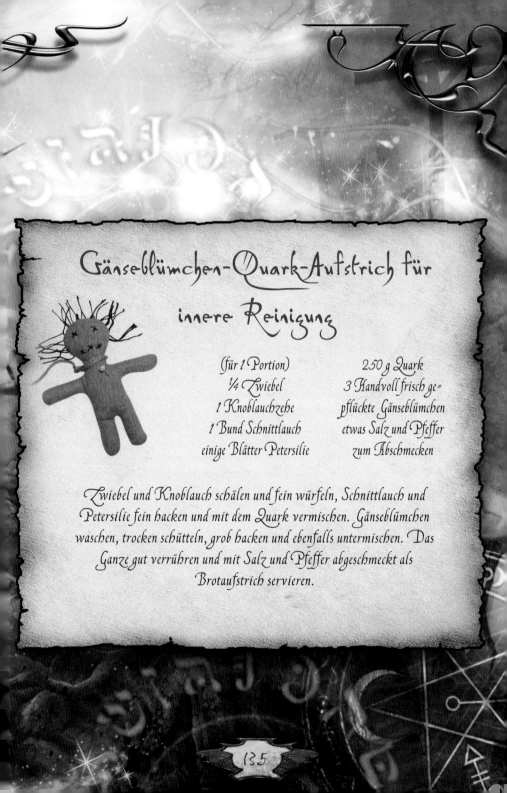

(für 1 Portion)

¼ Zwiebel

1 Knoblauchzehe

1 Bund Schnittlauch

einige Blätter Petersilie

250 g Quark

3 Handvoll frisch ge‟
pflückte Gänseblümchen

etwas Salz und Pfeffer
zum Abschmecken

Zwiebel und Knoblauch schälen und fein würfeln, Schnittlauch und Petersilie fein hacken und mit dem Quark vermischen. Gänseblümchen waschen, trocken schütteln, grob hacken und ebenfalls untermischen. Das Ganze gut verrühren und mit Salz und Pfeffer abgeschmeckt als Brotaufstrich servieren.

Freyas Frühlingszauber
(Wildkräutergemüse)

(für 4 Portionen)
¼ Bund Liebstöckel
15 g Schnittlauch
¼ Stange Lauch (nur weiße Teile)
50 g Spitzwegerichblätter

125 g Gänseblümchenblät-ter (entstielt)
150 g Weidenröschentriebe
50 g rote Zwiebeln
25 g Butter
20 g Weizenvollkornmehl

100 ml Gemüsebrühe
50 ml Sahne
etwas Weißwein oder Brühe
etwas grobes Salz, weiße Pfefferkörner (zerstoßen)

Liebstöckel und Schnittlauch fein hacken. Lauch in dünne Ringe schneiden, Spitzwegerichblätter in Streifen schneiden. Lauch, Gänseblümchen, Weidenröschen und Spitzwegerich blanchieren. Für die Soße Zwiebeln fein würfeln. Butter in einer Pfanne erhitzen und Zwiebeln in der geschmolzenen Butter leicht anschwitzen. Mehl untermischen, kurz mit anbraten und mit Brühe ablöschen. Sahne hinzufügen und unter Rühren kurz mitkochen. Je nach Geschmack und Konsistenz etwas Weißwein oder Brühe hinzugießen. Alles auf kleiner Flamme und unter ständigem Rühren köcheln lassen. Das Gemüse hinzufügen und zugedeckt aufkochen. 4 Minuten köcheln lassen. Mit Salz, Pfeffer, Liebstöckel und Schnittlauch abschmecken. Das Wildkräutergemüse passt gut zu hellem Geflügel und Süßwasserfisch.

Beltane-Hexenwein

(für ca. 1,25 Liter)

60 g Melisse	20 g Johanniskraut	5 g Salbeiblätter
50 g schwarze Johannis-beerblätter	15 g Thymian	5 g Veilchen
20 g Waldmeister	10 g Estragon	1 l Wein
	10 g Pfefferminze	250 ml Kirschsaft
	10 g Pimpernelle	1 EL Zitronensaft
	5 g Lavendel	

Alle Zutaten in eine große Bowleschale geben, eine Woche zugedeckt ziehen lassen, durch ein Sieb gießen und Pflanzenteile entfernen.

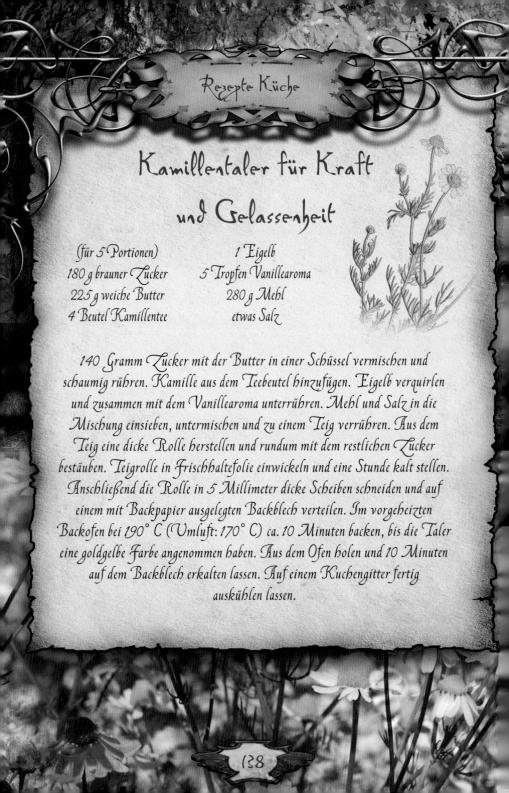

Kamillentaler für Kraft und Gelassenheit

(für 5 Portionen)
180 g brauner Zucker
225 g weiche Butter
4 Beutel Kamillentee

1 Eigelb
5 Tropfen Vanillearoma
280 g Mehl
etwas Salz

140 Gramm Zucker mit der Butter in einer Schüssel vermischen und schaumig rühren. Kamille aus dem Teebeutel hinzufügen. Eigelb verquirlen und zusammen mit dem Vanillearoma unterrühren. Mehl und Salz in die Mischung einsieben, untermischen und zu einem Teig verrühren. Aus dem Teig eine dicke Rolle herstellen und rundum mit dem restlichen Zucker bestäuben. Teigrolle in Frischhaltefolie einwickeln und eine Stunde kalt stellen. Anschließend die Rolle in 5 Millimeter dicke Scheiben schneiden und auf einem mit Backpapier ausgelegten Backblech verteilen. Im vorgeheizten Backofen bei 190° C (Umluft: 170° C) ca. 10 Minuten backen, bis die Taler eine goldgelbe Farbe angenommen haben. Aus dem Ofen holen und 10 Minuten auf dem Backblech erkalten lassen. Auf einem Kuchengitter fertig auskühlen lassen.

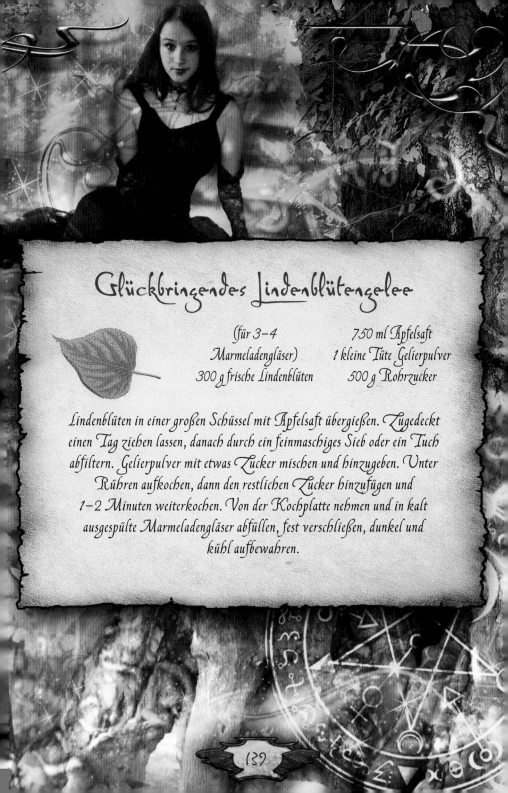

Glückbringendes Lindenblütengelee

(für 3–4
Marmeladengläser)
300 g frische Lindenblüten

750 ml Apfelsaft
1 kleine Tüte Gelierpulver
500 g Rohrzucker

Lindenblüten in einer großen Schüssel mit Apfelsaft übergießen. Zugedeckt einen Tag ziehen lassen, danach durch ein feinmaschiges Sieb oder ein Tuch abfiltern. Gelierpulver mit etwas Zucker mischen und hinzugeben. Unter Rühren aufkochen, dann den restlichen Zucker hinzufügen und 1–2 Minuten weiterkochen. Von der Kochplatte nehmen und in kalt ausgespülte Marmeladengläser abfüllen, fest verschließen, dunkel und kühl aufbewahren.

Gedämpfte Leber mit Lindenblüten und Minzblättern

(für 4 Portionen)
200 ml Bouillon
200 ml Riesling
1 Handvoll Lindenblüten
5 Blätter Pfefferminze
300 g Kalbsleber in ca.
3 cm dicken Scheiben
150 ml Sahne

1 EL Mehlbutter (Butter und Mehl zu gleichen Teilen vermengt)
1 Zitrone
Salz und Pfeffer
Lindenblüten und Minzblätter zum Garnieren

Bouillon, Wein, Lindenblüten und Minzblätter aufkochen lassen. Kalbsleber mit Salz und Pfeffer würzen und in einem Sieb über den kochenden Sud hängen. Zugedeckt ca. 7 Minuten dämpfen lassen. Kräutersud durch ein Sieb gießen, aufkochen lassen, Sahne hinzufügen und mit Mehlbutter binden. Zitrone auspressen und Schale abreiben. Die eingedickte Soße mit Zitronensaft, Zitronenschale, Salz und Pfeffer abschmecken. Kalbsleber mit Soße auf gut vorgewärmten Tellern anrichten und mit Lindenblüten und Minzblättern garnieren.

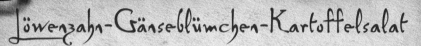

Löwenzahn-Gänseblümchen-Kartoffelsalat

zur Abwehr negativer Energie

(für 4 Portionen)
750 g Kartoffeln
6 EL Essig (z. B.
Rotweinessig, evtl.
Rosmarinessig)
1 TL Salz
3 EL Öl (z. B. Olivenöl,
evtl. Rosmarinöl)

Salz und Pfeffer zum
Abschmecken
4 Eier
1 große Handvoll Gänse-
blümchenblüten
1 große Handvoll Löwen-
zahnblätter

Kartoffeln waschen, 15 Minuten im Schnellkochtopf dämpfen, schälen und in Scheiben schneiden. 250 Milliliter Wasser zum Kochen bringen, Essig und Salz hinzugeben, gut verrühren und über die Kartoffeln geben. Zugedeckt ca. eine Stunde ziehen lassen. Am Schluss Öl untermischen. Mit Salz und Pfeffer abschmecken. Eier hart kochen und in Hälften schneiden. Löwenzahn in mundgerechte Stücke schneiden, mit den Gänseblümchen zusammen in den Kartoffelsalat mischen und hartgekochte Eier dazu servieren.

Übersinnlicher Beltane-Löwenzahnkuchen

(für 4 Portionen)
1 kg Löwenzahnblätter
1 TL Salz
4 Eigelbe
100 g Butter
250 g Quark

150 g Mehl
3 EL Speisestärke
125 g Schmand
etwas Pfeffer und Salz
je ¼ TL Rosmarin,
Thymian und Oregano

150 g Paniermehl
100 g geriebener Gouda
Butter und Paniermehl
für die Springform

Löwenzahn waschen, trocken schütteln und klein hacken. Salzwasser in einem großen Topf zum Kochen bringen und zerkleinerte Löwenzahnblätter 5 Minuten darin blanchieren. In einem Sieb abtropfen und abkühlen lassen. Backofen auf 180° C (Umluft: 160° C) vorheizen. Währenddessen Eigelb und Butter mit dem Handrührgerät schaumig schlagen. Nacheinander Quark, Mehl, Speisestärke und Schmand untermischen. Pfeffer, Salz, Rosmarin, Thymian und Oregano hinzufügen. Löwenzahnblätter ausdrücken und untermischen. Springform mit Butter einfetten und mit Paniermehl ausstreuen. Löwenzahn-Teigmischung in die Springform füllen und glatt streichen. Paniermehl und Käse miteinander vermengen und gleichmäßig auf der Teigmischung verteilen. Auf der unteren Schiene im Backofen ca. 1 Stunde backen. Am Ende der Backzeit Kuchen herausnehmen, leicht abkühlen lassen und noch warm servieren.

Gratinierte Ostara-Eier
in Sauerampfersahne

(für 4–6 Portionen)
6 Eier
300 g Sauerampfer
(jung und zart)
125 g Butter

250 ml Sahne
etwas Salz und Pfeffer
40 g Weißbrotkrumen
etwas Butter für die
Auflaufform

Eier hart kochen und in Hälften schneiden. Sauerampfer waschen, trocken schütteln und in kleine Stücke schneiden. Salzen und bei geringer Hitze in 40 Gramm Butter unter ständigem Rühren so lange garen, bis die Flüssigkeit verdampft und der Sauerampfer zu einer püreeartigen Masse zerfallen ist. Sahne nach und nach hinzugeben, dabei gut einrühren, bis sie leicht eindickt. Das Ganze mit Salz und Pfeffer abschmecken. Währenddessen die Weißbrotkrumen in der restlichen Butter bei schwacher Hitze gleichmäßig goldgelb anbraten. Eihälften mit der Schnittfläche nach oben in eine flache, gefettete Auflaufform geben. Heiße Sauerampfercreme gleichmäßig über den Eiern verteilen. Mit Brotkrumen bestreuen und im vorgeheizten Backofen bei 200° C (Umluft 180:° C) ca. 15 Minuten backen, bis die Oberfläche hellbraun ist.

Köstliche Kartoffeltaler
in Schafgarbenbutter

(für 4 Portionen)
2 Handvoll
Schafgarbenblätter
2 EL Dinkelmehl
1 kg mehlig kochende
Kartoffeln (vorgekocht)

½ TL Majoran
(getrocknet)
etwas Salz und Pfeffer
je nach Bedarf Paniermehl
2 EL Butter

Schafgarbe waschen, trocken schütteln und fein hacken. Mehl in eine große Schüssel geben. Vorgekochte Kartoffeln schälen, mit der Kartoffelpresse zu Brei zerdrücken und mit dem Mehl verkneten. Mit Majoran sowie Salz und Pfeffer würzen. Ja nach Bedarf zu festem Teig etwas Wasser, zu flüssigem Teig etwas Paniermehl hinzufügen. Teig zu einer ca. 5 Zentimeter dicken Rolle formen und diese in ca. 1 Zentimeter dicke Scheiben schneiden. Kartoffeltaler in einem großen Topf mit einem Liter kochendem Salzwasser garen, bis sie an der Oberfläche schwimmen. Dann mit einem Schaumlöffel aus dem Wasser schöpfen und abtropfen lassen. Butter in einer Pfanne bei schwacher Hitze zerlassen, gehackte Schafgarbenblätter und Kartoffeltaler portionsweise hinzugeben. Nach 3–5 Minuten wenden und 2–3 Minuten fertig braten und warm stellen, bis alle Taler fertig sind. Dazu passt z. B. Spargelsalat oder grüner Salat.

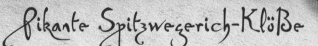

Pikante Spitzwegerich-Klöße

(für 4 Portionen)
4 Brötchen vom Vortag
200 ml Milch
50 g Zwiebeln
1 TL Butter

100 g frische Spitzwegerichblätter
3 getrocknete Tomatenscheiben
1 Ei
1 Eigelb

½ EL saure Sahne
40 g Sahnemeerrettich
½ TL Meersalz
etwas gemahlener Muskat
nach Bedarf etwas Paniermehl

Brötchen in kleine Stücke schneiden, Milch erhitzen und über die Brötchenstücke gießen. Das Ganze eine halbe Stunde ziehen lassen. Zwiebeln würfeln, Butter in einem Topf zerlassen und Zwiebelwürfel darin andünsten. Spitzwegerichblätter und Tomatenscheiben klein schneiden, alles miteinander verrühren und zur Brötchenmasse hinzugeben. Ei und Eigelb, Sahne, Meerrettich, Salz und Muskat gut miteinander verrühren und ebenfalls zur Brötchenmasse geben. Alles gut durchmischen und den Teig nochmals 30 Minuten stehen lassen. Danach Teig zu Klößchen formen (evtl. bei Bedarf etwas Paniermehl hinzugeben). 2,5 Liter Salzwasser zum Kochen bringen, Hitze reduzieren und die Knödel ca. 10–15 Minuten in dem Wasser köcheln lassen. Die Klöße können als Beilage oder als Hauptgericht mit einer leichten Soße gegessen werden.

Magische Wildkräuterforelle

(für 4 Portionen)
4 große Forellen
(küchenfertig)
etwas Salz und Pfeffer
4 kleine Zwiebeln
etwas Butter

4 Handvoll frische
Löwenzahnblätter
4 Handvoll frische
Brennnesselspitzen
16 Blätter Sauerampfer
24 frische
Spitzwegerichblätter

einige frische
Gundermannblätter
4 Handvoll frischer
Wiesenkerbel
6 EL Mehl
etwas Rapsöl

Forellen mit Küchenpapier trocken tupfen, leicht salzen und pfeffern. Zwiebel fein würfeln und in etwas Butter glasig dünsten. Löwenzahn, Brennnesseln, Sauerampfer, Spitzwegerich, Gundermannblätter und Kerbel klein hacken, mit den Zwiebeln vermengen und Forellen mit einem Teil der Kräuter-Zwiebel-Mischung füllen. Rest als Beilagengemüse zurückbehalten. Forellen rundum mit Mehl bestäuben, Öl in einer Pfanne erhitzen und Forellen beidseitig kräftig anbraten. Die restliche Kräuter-Zwiebel-Mischung nochmals in etwas Butter andünsten. Zusammen mit den Forellen anrichten. Nach Belieben noch mit einigen Kräutern dekorieren. Dazu passen Pellkartoffeln.

Vitalisierende Frühlingskraft-
Wiesenkräutersuppe

(für 4 Portionen)
je 1 frische Handvoll
Brennnesselspitzen,
Giersch, Bärlauch,
Löwenzahn, Sauerampfer,
Schafgarbe, Spitzwegerich,
Gänseblümchen, Taubnessel
und Vogelmiere

2 große Zwiebeln
30 g Butter
2 EL Dinkelmehl
500 ml Gemüsebrühe
nach Geschmack süße oder
saure Sahne oder Schmand
Muskat
Salz und Pfeffer

Kräuter waschen, trocken schütteln und klein schneiden (möglichst nur die jungen Triebe ohne Stängel verwenden). Zwiebeln schälen, fein würfeln und in Butter andünsten. Mehl hinzugeben und anbräunen. Mit Brühe nach und nach ablöschen. Nach Geschmack Sahne oder Schmand hinzufügen. Aufkochen lassen und Kräuter hinzugeben. 10–20 Minuten leicht köcheln lassen und mit Muskat, Salz und Pfeffer abschmecken. Mit Gänseblümchen garniert servieren.

Lammas-Thymianbrot für Schutz vor bösen Träumen

(für 4 Portionen)
300 g Mehl
1 Päckchen Hefe
1 Prise Zucker
3 EL Olivenöl

3 EL saure Sahne
1 Prise Salz
1 Bund Thymian
2 EL Pinienkerne
Butter für die Form

100 Gramm Mehl, Hefe und 150 Milliliter lauwarmes Wasser sowie Zucker in einer Schüssel miteinander verrühren, 10 Minuten stehen lassen und anschließend mit restlichem Mehl, Olivenöl, saurer Sahne und Salz in der Küchenmaschine oder mit dem Knethaken des Rührgeräts verrühren, bis der Teig Blasen wirft. Dann den Teig mit ein wenig Mehl bestreuen und nochmals zugedeckt gehen lassen, bis er das doppelte Volumen erreicht hat. Backofen auf 180° C (Umluft: 160° C) vorheizen. Thymian zupfen und zerkleinern, Pinienkerne grob hacken und beides kräftig mit dem Teig verkneten. Eine ausreichend große, flache Form mit Butter einfetten, Teig in die Form geben und im Backofen ca. 30–40 Minuten goldgelb backen. Am besten frisch und warm servieren. Passt sehr gut zu provenzalischen Gerichten.

Schweinefilet in würziger Thymianbutter

(für 2 Portionen)
4 frische Thymianzweige
4 getrocknete Tomaten
(in Öl eingelegt)
1 Knoblauchzehe
60 g weiche Butter

300 g Schweinefilet
je eine Prise Salz und
Pfeffer
20 g Parmesan
(am Stück)

Thymian waschen, trocken schütteln, Blätter abzupfen und klein hacken.
Tomaten abtropfen lassen, Einlegeöl in einer kleinen Schüssel auffangen und
beiseite stellen. Tomaten in kleine Würfel schneiden. Knoblauch schälen und
klein hacken. Thymian, Tomaten und Knoblauch zusammen mit Pfeffer und
Salz mit der Butter gut vermengen. Würzbutter auf einem Stück Alufolie
zu einer Rolle formen, in der Folie einschlagen und ins Tiefkühlfach legen.
Backofen auf 80° C (Umluft: 60° C) vorheizen. Schweinefilet in Scheiben
schneiden und mit Salz und Pfeffer würzen. 2 Esslöffel Öl von den eingelegten
Tomaten in einer Pfanne erhitzen und Filetscheiben darin auf jeder Seite ca. 2
Minuten anbraten. Würzbutter aus dem Tiefkühlfach holen und in Scheiben
schneiden. Filetscheiben in eine ofenfeste Form legen, mit Butterscheiben
belegen und 40 Minuten auf mittlerer Schiene im Ofen garen. Filetscheiben auf
vorgewärmten Tellern anrichten, mit Würzbutter aus der Form beträufeln
und Parmesan darüber hobeln. Dazu passen z. B. Ciabatta-Brot und ein
bunter Salat.

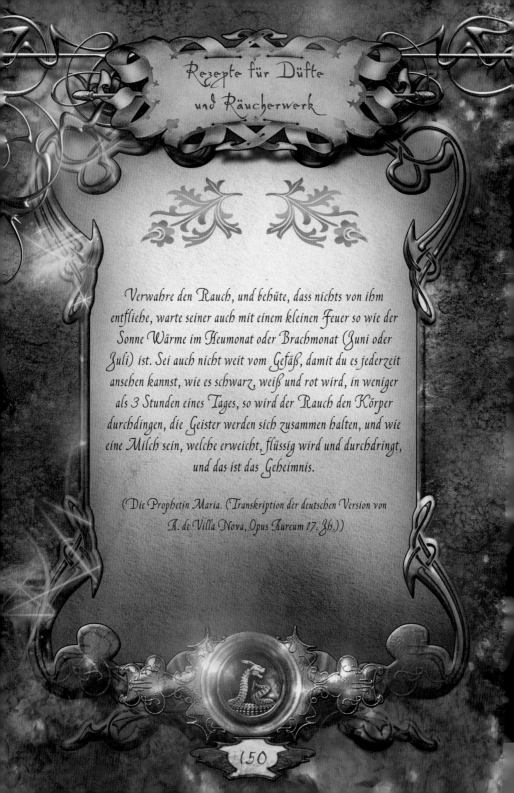

Rezepte für Düfte und Räucherwerk

Verwahre den Rauch, und behüte, dass nichts von ihm entfliehe, warte seiner auch mit einem kleinen Feuer so wie der Sonne Wärme im Heumonat oder Brachmonat (Juni oder Juli) ist. Sei auch nicht weit vom Gefäß, damit du es jederzeit ansehen kannst, wie es schwarz, weiß und rot wird, in weniger als 3 Stunden eines Tages, so wird der Rauch den Körper durchdingen, die Geister werden sich zusammen halten, und wie eine Milch sein, welche erweicht, flüssig wird und durchdringt, und das ist das Geheimnis.

(Die Prophetin Maria. (Transkription der deutschen Version von A. de Villa Nova, Opus Aureum 17. Jh.))

151

Richtig räuchern ist der Hexen große Kunst

Folgende Hilfsmittel benötigst du für Räucherrituale:

Schale, Untertasse oder anderes feuerfestes Gefäß
etwas Sand (z. B. Vogelsand)
Räucherkohle (Holzkohle-Tabs)
Kerze
evtl. eine Räucherzange
große Feder
langstieliger Räucherlöffel
Räucherwerk nach Wahl (getrocknete, duftende, grob pulverisierte oder
klein geschnittene Pflanzenteile, Hölzer und Harze)
Pinzette

Beim Umgang mit offenem Feuer und Glut solltest du immer ausreichende Sicherheitsvorkehrungen treffen! So gehst du bei einem Räucherritual am besten vor: Sand auf den Boden des Räuchergefäßes geben. Räucherkohle-Tablette entweder aufrecht in den Sand legen und mit der Kerze anzünden und danach umkippen oder Kohletablette zum Anzünden mit der Räucherzange halten. Ist die Kohle durchgeglüht (evtl. dazu leicht anfächeln), ein wenig Räucherwerk (nicht mehr als einen Räucherlöffel voll) mit dem Löffel auf die Kohle geben, dabei an den Wunsch denken. Mit der Feder den Rauch verfächeln (evtl. Wunsch laut aussprechen). Räucherwerk nachlegen, wenn es verkohlt ist. Der Holzkohle-Tab brennt ca. 1 Stunde und glüht lange nach. Daher Kohle mindestens eine halbe bis eine Stunde im Räuchergefäß lassen. Kohle mit der Pinzette gehalten unter fließendem Wasser löschen. Rauch nachwirken lassen und anschließend intensiv lüften.

Räuchermischungen für jeden Zweck

Je nach gewünschter Wirkung gibt es unterschiedliche Räuchermischungen:

Liebe: je 2 Teile Myrrhe und Weihrauch, je 1 Teil Lavendel, Liebstöckel und Malve

Freundschaft: 7 Teile Weihrauch, 3 Teile Mistelblätter, 3 Teile Drachenblut, je 1 Teil Wacholderbeeren, Fichtennadeln, Myrrhe, Eisenkraut und 3 Rosenblüten

Weisheit (z. B. vor Prüfungen): 2 TL Zedernholz, je 1 TL Salbei, Dammar und Copal, ¼ TL Eisenkraut und 3 Messerspitzen Kampfer

Kraft: je 5 Teile Tannennadeln und Weihrauchharz, je 1 Teil Wacholderbeeren, Eisenkraut und Mistelblätter

Erfolg: je 2 Teile Myrrhe und Weihrauch, je 1 Teil Johanniskraut, Thymian und Lorbeer

Räucherungsritual zur Reinigung

5 Teile Salbei
5 Teile Weihrauch
1 Teil Zeder
1 Teil Sandelholz

Die Reinigungsräucherung befreit die Atmosphäre von schlechten Gerüchen, Altlasten und negativer, störender oder unbekannter Energie und macht frei für Neues. Du kannst einen Raum, einen Gegenstand oder dich selbst reinigen.
Mögliche Anlässe: Nach einer Krankheit (Reinigung der Luft), nach einem Umzug (Neutralisierung der Energien), nach Abschluss eines aufwändigen Projekts (Freiheit für Neues), nach einem Streit oder einer schwierigen Lebenssituation (um die Schwierigkeiten hinter sich zu lassen)

Je nach Anlass und eigenem Befinden kannst du das Reinigungsritual durch harmonisierende oder kraftvolle Klänge unterstützen. Schaffe innerliche Ruhe, visualisiere beim Entzünden des Räucherwerks intensiv das, was du hinter dir lassen willst. Willst du einen Raum reinigen, stell das Räuchergefäß auf eine feuerfeste, tragbare Unterlage (z. B. ein Tablett) und gehe damit durch den Raum, fächle den Rauch mit der Feder in alle Ecken und Winkel des Raumes und sprich dabei evtl. das zu Verabschiedende laut aus. Möchtest du einen Gegenstand reinigen, ziehe diesen mehrmals durch den Rauch und stell dir dabei vor, wie der Rauch die unerwünschte Energie mit sich trägt. Willst du dich selbst reinigen: Rauch zuerst über das Gesicht, dann in Richtung Herzchakra, dann in Richtung Solarplexus und zuletzt nochmals über das Gesicht fächeln. Nach spätestens 10 Minuten Fenster weit öffnen und gut durchlüften und sich dabei vorstellen, wie das Loszulassende an dem Rauch hängenbleibt und mit ihm aus dem Fenster geweht wird.

Räucherungsritual zum Schutz

Zu gleichen Teilen:
Eisenkraut
Beifuß
Wacholder (Beeren oder Triebspitzen)
Eschensamen
Mistel
Fichtenharz

Die Schutzräucherung hilft dabei, gefestigt zu werden und emotionale Stärke zu gewinnen. Mögliche Anlässe: Übelwollende Menschen, bedrohliche oder belastende Situationen, schlechte Einflüsse, eigene schädliche Gedanken

Sorge für innere und äußerliche Ruhe und Entspannung. Wenn du willst, zieh um dich herum auf dem Boden oder in der Luft im Uhrzeigersinn einen Schutzkreis, z. B. mit einem Stock oder dem Finger. Stell dir dabei vor, wie daraus Energie fließt, die den Kreis verschließt. (Achtung: Musst du den Kreis verlassen, immer mit dem Finger oder Stock den Kreis öffnen und nach dem Wiederkommen wieder schließen.) Entzünde eine Kerze und führe die Räucherung durch. Führe dir dabei die Situation oder die Person vor Augen, vor der du dich schützen willst und grenze dich innerlich davon ab. Hülle dich mit den Händen im schützenden Rauch ein und stell dir dabei vor, wie dich der Rauch wie eine Schutzrüstung umschließt. Fühlst du, dass diese stark genug ist, schließe das Ritual ab. Bei einem Schutzkreis: Nach dem Ritual den Kreis in umgekehrter Richtung nochmals ziehen, um ihn aufzulösen und dabei visualisieren, wie die Energie aufgelöst wird oder zurückfließt. Lüfte am Schluss gut durch.

Räucherstäbchen selbst machen

Folgende Hilfsmittel benötigst du dazu:

getrocknete Blätter oder Blüten nach Wahl (z. B. Rose, Salbei, Lavendel)
etwas Aromaöl des verwendeten Krauts
etwas Harz
dünne Holzstöcke

Pflanzenteile, Öl und Harz miteinander verrühren, sodass alles zusammenhält und eine formbare Masse bildet. Gut verkneten, die Masse jeweils um einen dünnen Holzstab formen und gut trocknen lassen. Angezündet brennen die Räucherstäbchen je nach Größe bis zu 2 Stunden.

Die Herstellung von Hexen-Kräuterkissen

Folgende Hilfsmittel benötigst du dazu:

1 kleiner Kissenbezug
getrocknete, gut zerkleinerte Kräuter nach Wahl

Verwendet werden die getrockneten, zerkleinerten Kräuter, ohne Stängel und sonstige harten Pflanzenteile. Gewünschte Kräuter gut miteinander vermischen, in den Kissenbezug füllen und Kissenbezug vernähen. Kräuterkissen unter oder neben das Kopfkissen gelegt bzw. als zusätzliches Kopfkissen verwenden. Wenn die Kräuter nicht mehr duften, Kräutermischung erneuern. Kräuterkissen halten bis zu einem Jahr.

Je nach gewünschter Wirkung gibt es unterschiedliche Mischungen:

Magische-Träume-Kissen: Ein Kissen, das für schöne, prophetische Träume sorgt, besteht aus je 2 Teilen Salbei, Farnkraut (Wurmfarn) und Lavendelblüten und je einem Teil Veilchenblüten, Zedernspänen und Iriswurzeln.

Guter-Schlaf-Kissen: Als Einschlafhilfe mischt man Baldrianblüten, Melisse, Hopfenzapfen und Lavendelblüten.

Beruhigungskissen: Ruhe und inneren Frieden bringt folgendes Kissen: 5 Teile Waldmoos, 2 Teile Waldmeisterkraut, 1 Teil Salbeiblätter, 2 EL Wacholderbeeren (fein zerstoßen).

Kräftigungskissen: Eine Mischung aus Anis, Salbei, Lavendel, Thymian und Teebaumöl entspannt Körper und Geist, löst Verspannungen und stärkt bei Schwäche und Krankheit.

Menstruationskissen: Bei Menstruations- und Unterleibsbeschwerden empfiehlt sich ein Kissen mit getrocknetem Beifußkraut, das ca. 15 Minuten unter den Kopf gelegt wird.

Die Herstellung von magischen Duftsäckchen

Folgende Hilfsmittel benötigst du dazu:

1 kleiner Stoffbeutel oder ein Stück Stoff
Kordel oder Nadel und Faden
30–250 g (je nach Säckchengröße) getrocknete, zerkleinerte Kräuter nach Wahl

Stoff auf links gedreht mittig gefaltet aufeinander klappen, Seitenrand und unteren Rand jeweils vernähen und wieder auf rechts wenden bzw. getrocknete Kräuter in einen vorhandenen kleinen Stoffbeutel füllen und mit einer Schnur verschließen bzw. Oberseite vernähen. Lässt der Duft nach, Kräuter gegen neue austauschen.

Je nach gewünschter Wirkung gibt es unterschiedliche Mischungen:

Motten-Duftsäckchen: Wenn man es in den Schrank legt, vertreibt ein Kräutersäckchen mit Lavendel Motten und hilft, 10 Minuten auf die Augen gelegt, gegen müde und gerötete Augen.

Reise-Duftsäckchen: Ein Beifuß-Duftsäckchen beruhigt im Handgepäck mitgeführt bei Flugangst und wirkt bei langen Autofahrten gegen Müdigkeit

Konzentrationsduftsäckchen: Eine Mischung aus Rosmarin, Rosenblüten, Pfefferminze, Thymian, Lavendel, Basilikum, Melisse und Zitronenverbene hilft bei Konzentrationsstörungen.

Gute-Laune-Duftsäckchen: Ein Duftsäckchen mit Johanniskraut muntert bei Frühjahrsmüdigkeit, Nervosität und schlechter Stimmung wieder auf.

Nerven-Duftsäckchen: Zur Beruhigung überstrapazierter Nerven und gegen Albträume mischt man Dillsamen, Zitronenverbeneblätter sowie Orangen-, Lavendel- und Kamillenblüten und legt das Säckchen neben das Kopfkissen.

Der verzaubernde Duft von ätherischen Ölen in der Duftlampe

Folgende Hilfsmittel benötigst du dafür:

Duftlampe
etwas Wasser (am besten destilliert)
Teelicht
100 %iges naturreines ätherisches Öl oder Ölmischung nach Wahl

Der Duft der ätherischen Öle wirkt sich in verschiedener Weise auf das seelische Wohlbefinden aus. Dazu einfach passendes ätherisches Öl oder Ölmischung wählen, Wasserschale der Dufflampe mit Wasser füllen, Teelicht anzünden und unter die Wasserschale stellen, 3–10 Tropfen des gewählten Öls ins Wasser geben und 30 Minuten bis eine Stunde verdunsten lassen. Immer genug Wasser nachfüllen bzw. Teelicht rechtzeitig löschen, bevor das Wasser komplett verdunstet ist (eine Wasserfüllung reicht ca. 3–4 Stunden).

Vorsicht: Nicht überdosieren, sonst kann es zu Kopfschmerzen und Unwohlsein kommen. Duftlampe nicht außer Sichtweite lassen, außerhalb der Reichweite von Kindern aufstellen und Öl nie unverdünnt in die Lampe geben.

Übersicht verschiedene ätherische Öle und ihre Wirkungen:

Angelika: bei Stress und Erschöpfungszuständen, schwierigen Entscheidungen

Baldrian: bei Nervosität, Ratlosigkeit und Angstzuständen

Beifuß: bei Entscheidungsschwierigkeiten, zur Fokussierung auf das Wesentliche

Dill: bei Energiestau, zur seelischen Verarbeitung

Fenchel: für Geborgenheit, Ruhe, Nervenstärke und seelische Stabilität

Kamille: bei Ärger, Schmerz und Unzufriedenheit

Lavendel: für Reinheit, Frische, Entspannung, Ruhe und Ordnung, gegen böse Geister und negative Gedanken

Melisse: bei nervöser Unruhe, für Stärke und seelische Ausgeglichenheit

Minze: bei Abgespanntheit, Konzentrationsbeschwerden, Antriebsschwäche, Müdigkeit, für Anregung, Konzentration und Frische

Rose: für Liebe, Güte, Harmonie, Milde und Verständnis

Rosmarin: bei Abgeschlagenheit, für Energie, Stärke, Aktivität und Konzentration

Salbei: bei Selbstzweifeln, Verzagtheit und Überdruss, für Energie, Selbstvertrauen und Kraft

Schafgarbe: bei Stress, Niedergeschlagenheit und Schlafstörungen

Veilchen: bei Schock und seelischer Verletzung

Thymian: bei seelischer Schwäche, Gedächtnis- und Konzentrationsproblemen, für Tatkraft, Mut und einen starken Willen

Wacholder: bei Erschöpfung, Schlafstörungen, Unsicherheit, Verwirrung und Verstimmung, für Nervenstärke, Harmonie, Reinigung, Entspannung und Liebe.

Ölmischungen für magische Anlässe:

Glück: 5 Tropfen Geranium, 5 Tropfen Ylang-Ylang, 3 Tropfen Salbei
Kraft: 5 Tropfen Weihrauch, 3 Tropfen Wacholder, 2 Tropfen Zypresse
Liebe: 4 Tropfen Sandelholz, 2 Tropfen Rose und 2 Tropfen Hyazinthe

Das Herstellen von aphrodisischem Parfüm

Folgende Hilfsmittel benötigst du dazu:

25 ml Alkohol (Apotheke, z. B. Weingeist) oder kosmetisches Basiswasser 96%
5 ml reines ätherisches Öl (1 ml = ca. 20–25 Tropfen)
2,5 ml Wasser (destilliert)
Zerstäuberfläschchen oder Flakon

Zutaten miteinander in Flakon oder Zerstäuber vermischen (schütteln), über Nacht im Vollmondlicht stehen lassen und 2–6 Wochen im Kühlschrank aufbewahrt werden.

Verschiedene Parfümmischungen für besondere Anlässe:

Rosenzauber: 50 Tropfen Rosenholz, 26 Tropfen Geranium, 20 Tropfen Sandelholz und 4 Tropfen Jasmin

Provenzalische Verführung: je 16 Tropfen Lavendel, Sandelholz, Bergamotte und Geranium, 12 Tropfen Patchouli, je 4 Tropfen Jasmin, Rose, Narzisse, Neroli und Tuberose, je 2 Tropfen Weihrauch und Benzoe

Sommerbrise: 37 Tropfen Zitrone, 37 Tropfen Lavendel und 26 Tropfen Sandelholz

Magische Massageöle

Folgende Hilfsmittel benötigst du dazu:

50 ml Massageöl (z. B. Mandel-, Jojoba- oder Avocadoöl)
einige Tropfen reines ätherisches Öl nach Wahl

Trägeröl mit den ätherischen Ölen in ein Fläschchen füllen und durch Schütteln mischen. Achtung: Nicht überdosieren. Nimm zunächst nur wenige Tropfen (nicht mehr als 3), denn zuviel des Guten kann zu Hautreizungen, Bluthochdruck und Allergien führen. Bestimmte Öle (siehe Ölbäder) nicht in Schwangerschaft und Stillzeit anwenden. Nicht bei Babys und Kleinkindern anwenden, bei größeren Kindern nur milde Öle niedrig dosiert wählen (z. B. Lavendel, Rose, römische Kamille).

Verschiedene Massageölmischungen für besondere Anlässe:

Energie: 3 Tropfen Zitrone, 2 Tropfen Rosmarin, 1 Tropfen Kiefer

Cellulite: 3 Tropfen Wacholder, 2 Tropfen Fenchel, 1 Tropfen Zedernholz

Nerven: 3 Tropfen Lavendel, 2 Tropfen Neroli, 1 Tropfen Jasmin, 1 Tropfen Ylang-Ylang

Liebe: je 2 Tropfen Rosenholz und Ylang-Ylang, je 1 Tropfen Rose und Jasmin

Berauschendes Badesalz

Folgende Hilfsmittel benötigst du dazu:

250 g grobes Meersalz (z. B. Totes-Meer-Salz)
Lebensmittelfarbe oder Spezialfarbe zum Einfärben von Seifen nach Wahl
gut verschließbarer Schüttelbecher (z. B. Marmeladenglas mit Deckel)
5 ml Olivenöl
ca. 10 Tropfen reines ätherisches Öl nach Wahl
evtl. einige Blütenblätter (z. B. getrocknete Rosenblätter, Lavendelblüten)
luftdicht verschließbares Glasgefäß oder Organzasäckchen

Badesalz entzieht der Haut beim Baden weniger Salze als Schaumbäder, was die Faltenbildung verringert. Die Mischung kann ganz nach Geschmack zusammengestellt werden. Dazu Badesalz im Schüttelbecher mit einigen Tropfen Farbe (und evtl. etwas Wasser) vermischen und gut durchschütteln, bis es die gewünschte Farbe annimmt. Einige Tage im offenen Behälter oder 1 Stunde im Backofen bei ca. 50° C trocknen lassen. Salz mit dem Ölgemisch (und evtl. Blütenblättern) in einer Schüssel gründlich vermengen. Salzmischung in das Glasgefäß füllen, gut verschließen und zum Baden eine halbe Tasse Badesalz ins Badewasser geben oder Salzmischung in ein Organzasäckchen füllen und dieses beim Baden in die Wanne hängen. Eignet sich auch gut als Geschenk.

Düfte und ihre Wirkung im Badezusatz:

Belebend: Thymian, Rosmarin, Wacholder, Pfefferminze

Beruhigend: Lavendel, Rose, Salbei, Kamille

Sinnlich: Rose, Rosenholz, Vanille, Patchouli

Pflegende Duftöl-Badewürfel

Folgende Hilfsmittel benötigst du dazu:

60 g Pflanzenöl (z. B. Mandel-, Oliven-, Avocado- oder Distelöl)
100–130 g Kakaobutter
20 ml Fluidlecithin Super
3 EL getrocknete Pflanzenteile (z. B. Lavendel- oder Rosenblüten)
evtl. etwas Lebensmittelfarbe
10 Tropfen des entsprechenden reinen ätherischen Öls (z. B. Lavendel- oder Rosenöl)

Öl mit Kakaobutter im Wasserbad auf dem Herd zum Schmelzen bringen (nicht zu heiß werden lassen!), Fluidlecithin Super unter stetigem Rühren untermischen, Pflanzenteile und nach Wunsch Lebensmittelfarbe im entsprechenden Farbton hinzugeben und unterrühren, aus dem Wasserbad nehmen und zum Abschluss ätherisches Öl hinzugeben. Das Gemisch in Eiswürfelformen portionieren und kurz einfrieren. Sind die Würfel gut erkaltet, aus der Eiswürfelform herausdrücken (evtl. zum besseren Lösen heißes Wasser über die Unterseite laufen lassen). Würfel kurz vor dem Baden ins Wasser geben. In Zellophanpapier verpackt, machen sich die Würfel auch hübsch als Geschenk.

Wohltuende Ölbäder

50 ml Trägeröl (z. B. Mandel-, Jojoba- oder Avocadoöl)
einige Tropfen reines ätherisches Öl nach Wahl
250 ml Sahne oder Vollmilch bzw. ein geruchsneutrales Shampoo

Ölbäder pflegen Körper und Seele. Dazu Trägeröl mit dem ätherischen Öl mischen. Sahne oder Milch (bzw. Shampoo für ein Schaumbad) mit 3 Esslöffel der Ölmischung mischen und dem Badewasser zusetzen.

Achtung: Nicht überdosieren. Nimm zunächst nur wenige Tropfen (nicht mehr als 3), denn zuviel des Guten kann zu Hautreizungen, Bluthochdruck und Allergien führen. Bestimmte Öle (z. B. Fenchel, Anis, Rosmarin, Angelika, Thymian, Wacholder, Minze, Melisse, Muskatellersalbei) nicht in Schwangerschaft und Stillzeit anwenden. Nicht bei Babys und Kleinkindern anwenden, bei größeren Kindern nur milde Öle niedrig dosiert wählen (z. B. Lavendel, Rose, römische Kamille).

Verschiedene Ölbädermischungen für besondere Anlässe:

Belebungsbad: je 2 Tropfen Rosmarin und Wacholder, je 1 Tropfen Pfefferminze und Sandelholz

Anti-Stress-Bad: 3 Tropfen Lavendel, je 2 Tropfen Geranium und Eisenkraut, 1 Tropfen Rosenholz

Entspannungsbad: 2 Tropfen Melisse, je 1 Tropfen Lavendel und Anisöl

Cellulitebad: Je 2 Tropfen Zitrone und Wacholder, 1 Tropfen Zypresse

Schlaf-Gut-Bad: je 2 Tropfen Lavendel und Kamille, 1 Tropfen Neroli

Starke-Nerven-Bad: 3 Tropfen Melisse, 2 Tropfen Lavendel, 1 Tropfen Petit Grain

Anti-Schmerz-Bad: 4 Tropfen Salbei, 3 Tropfen Rosmarin, 1 Tropfen Pfefferminze

Partnerbad: 5 Tropfen Rosenholz, je 1 Tropfen Rose, Jasmin und Nerloli

Seife mit Hexenkräuter selbst herstellen

Folgende Hilfsmittel benötigst du dazu:

Seifenförmchen (mit etwas Sonnenblumenöl eingefettet)
5 g Bienenwachs
300 g Kernseife (zu Flocken geraspelt)
300 ml konzentrierter heißer Kräuteraufguss (z. B. Kamille, Johanniskraut,
Schafgarbe)
100 ml Ölauszug desselben Krauts
Frischhaltefolie
Wachspapier

Für den konzentrierten Kräuteraufguss einen sehr starken Tee herstellen (Blüten können,
wenn gewünscht, im Aufguss bleiben). Für den Ölauszug Pflanzenteile mit Pflanzenöl
(z. B. Olivenöl; 100 Gramm Pflanzenteile auf 1 Liter Öl) höchstens drei Viertel voll
in ein Schraubdeckelglas füllen, verschließen und eine halbe Stunde in einem ca. 80° C
warmen Wasserbad ziehen lassen. Abkühlen lassen und durch ein feinmaschiges Sieb gießen.
Wachs in einem Topf schmelzen lassen, den konzentrierten, noch heißen Kräuteraufguss
hinzugeben, umrühren und bis zum leichten Köcheln weiter erhitzen. Seifenflocken nach
und nach unterrühren. Die so entstandene dickflüssige Masse kurz aufkochen. Ölauszug
hinzugeben, gut vermischen, von der Herdplatte nehmen, etwas abkühlen lassen und in
Seifenförmchen abfüllen. Mit Frischhaltefolie abdecken, Folie nach 24 Stunden entfernen,
weitere 24 Stunden warm und trocken stehen lassen, Seife aus den Förmchen lösen, auf
Wachspapier weiter trocknen lassen. Wenn sie vollständig getrocknet ist, in
Wachspapier einpacken.

Duftendes Potpourri

Folgende Hilfsmittel benötigst du dazu:

3–4 Tassen getrocknete Blütenblätter nach Wahl (z. B. Rosen, Lavendel,
Maiglöckchen, Nelken, Tulpen, Veilchen, Pfingstrosen)
1–2 Tassen getrocknete aromatische Pflanzenteile (z. B. Lavendel, Zitrusfruchtschalen,
Waldmeister, Thymian, Minze, Salbei, Rosmarin, Zitronenverbene)
je 2 TL ganze oder grob gemahlene Gewürze (z. B. Zimt, Nelken, Anis, Kardamom,
Muskatblüte, Koriander)
2–4 TL Fixiermittel (z. B. Veilchenwurzelpulver oder Irispulver aus der Apotheke)
2–4 Tropfen ätherisches Öl nach Wahl

In einer Schüssel Fixiermittel mit Gewürzen (nach Wunsch) und Ölen gut verrühren und
anschließend mit der Blütenmischung und aromatischen Pflanzenteilen vermengen. Alles
in ein verschließbares Keramik- oder Glasgefäß füllen und gut verschlossen 6 Wochen
stehen lassen, dabei täglich schütteln. Anschließend in eine schöne Schale füllen. Zur
Duftauffrischung nach einiger Zeit ein Paar Tropfen ätherisches Öl hinzugeben.

Beruhigendes Lavendel-Potpourri:

je 1 Tasse Lavendelblüten. Hortensienblüten, Veilchen, Ritterspornblüten
2 EL Iriswurzelpulver
je 2 Tropfen Lavendelöl, Rosenholzöl, Kamillenöl

Konzentrationsförderndes Minz-Potpourri:

2 Tassen Minzblätter
1 Tasse Lavendelblüten
1 EL Iriswurzelpulver
3 Tropfen Pfefferminzöl
2 Tropfen Lavendelöl
1 Tropfen Melissenöl

Belebendes Zitronen-Potpourri:

3 Tassen Rosenblätter
1 Tasse Zitronenschalen
2 EL Iriswurzelpulver
4 Tropfen Zitronenöl
2 Tropfen Rosenöl

Entspannendes Rosen-Potpourri:

2 Tassen Rosenblütenblätter
2 Tassen Lavendelblüten
2 EL Iriswurzelpulver
4 Tropfen Rosenholzöl
2 Tropfen Lavendelöl

Reinigendes Raumspray

Folgende Hilfsmittel benötigst du dazu:

100 ml 100 %iger Isopropanolalkohol (Apotheke)
wenige Tropfen naturreines ätherisches Öl nach Wahl (z. B. Zitrusöle, Rosenholz,
Lemongras, Rose, Kiefer, Lavendel)
Sprühflasche

Alkohol und Duftöl in eine Sprühflasche geben und gut schütteln. Das Raumspray
kann sofort mit einem oder mehreren Sprühstößen in die Raumluft versprüht werden.

Hexensprüche und Zauberformeln

Ist denn keine alte Fraue,
die kann pflücken Hartenaue,
dass sich das Gewitter staue

(Spruch aus der Havelgegend bei starken Gewittern)

Die erste Schafgarbe finde ich hier,
im Namen Christi pflück ich sie mir
und wie Jesus Maria mit Liebe bedacht,
mög' im Traum mir erscheinen mein Liebster heut Nacht!

(Orakelspruch zur Traumherbeiführung des zukünftigen Mannes. Dazu wird an
einem von Geistern bewohnten Ort, etwa dem Grab eines früh Verstorbenen, eine Schafgarbe
gepflückt und unter das Kissen gelegt)

Nimm drei Gundelreben
Und lass' sie deinen Mund umschweben.

Reckholder, gib dich gefangen,
dass dem »Name des Betroffenen« seine Warzen vergangen.

(Spruch zur Heilung von Warzen. Dabei geht man dreimal zu einem Wacholderbaum,
schneidet jedesmal drei Ästchen je dreimal fast durch und sagt den Spruch bei jedem Schnitt.
Danach auf jedes Ästchen drei kleine Kieselsteine legen)

Dosten, Hartan, weisse Heid'
Thun dem Teufel alles leid.

Iss Kronawett und Pimpanell
So stirbst du nicht so schnell.

Gichtfluss, du sollst stehen,
du sollst vergehen,
sollst verschwinden,
wie das Laub an der Linden,
bei den Toten sollst du's finden.

(Spruch gegen Gicht, vor einem Lindenbaum zu sprechen)

Wacholderbusch, ich tu dich bücken und drücken,
bis der Dieb sein gestohlenes Gut wieder an seinen Ort getan hat.

(Spruch zur Wiederbringung eines gestohlenen Guts. Dabei wird vor
Sonnenaufgang ein Ast mit der linken Hand ostwärts gebogen.)

Im Feld such' ich mir Weizenkorn.
Wozu, weshalb, was soll das werden?
Es plagen mich der Hecken Dorn
beim Sammeln süßer, wilder Beeren!

Den Fliegenpilz pflück' ich im Wald,
warum ich es tu, erfährst du bald!
Finde Veilchen, was mich freut,
füll meine Tasche mit der Beut'.

Auf der Wiese hol' ich Löwenzahn.
Genug gesammelt, es ist getan.
Aus alledem bereit ich mir
nun Kräuteröl und saures Bier!

(Ingrid, die Ausgestoßene, Einsiedlerin im Odenwald)

Es ist Nacht, der Nebel steigt,
der Mond erhellt die schaurig' Szene.
Auf einem Ast ein Käuzchen schreit,
ich vermute finst're Pläne!

Was passiert, was wird gescheh'n?
Zwischen Blättern funkeln Augen.
Mir ist als hätte ich's geseh'n
kann nichts wissen, kann nur glauben!

War da nicht ein dunkler Schatten?
Huschte vorbei am Lindenbaum?
Es ist schwerlich zu erraten,
vielleicht war's nur ein schlimmer Traum!

Verzagt und voller Furcht und Frust
seh' ich mich nun in dieser Lage!
Eigentlich hab ich's gewusst,
im Wald wandert man nur am Tage!

(Hildruts Grimorium Verum 1733)

Ein fetter Knollenblätterpilz
wandert in den Hexenkessel.
Vom Raben Herz und Milz
und etwas brennend Nessel.

Gänseblümchen brauch ich nicht,
das verdirbt mir das Aroma!
Vielleicht hilft's diesmal gegen Gicht,
fühl ich mich doch wie meine Oma.

Was könnte noch den Trank bereichern?
Ich probier's mit Würmerschleim!
Wird's denn meine Pein erleichtern,
mit noch etwas Krötenbein?

Der Trank ist fertig zubereitet,
bin ich bald nicht mehr krank?
Werd's nun wagen und versuchen,
nun koste ich den Höllentrank.

Ist dies denn der letzte Vers
so ist die letzte Chance verbraucht.
Lieg ich am Boden und das war's
die Gicht ist fort, doch ich bin's auch!

(Eugenia, Altnovizin des 3. Kreises)

Ihr Hollen und Hollinen
Hier bring' ich euch was zu spinnen
Und zu essen.
Ihr soll spinnen und essen
Und meines Kindes vergessen.

(Spruch gegen die Krankheit eines Kindes. Gleichzeitig bringen die
Eltern Brot und Wolle zu einem Wacholderbaum.)

Sapienti sat est.

(Inschrift an der Universität in Oxford)

Impressum

© OTUS Verlag A.G., Wiesenstrasse 37, CH-9011 St. Gallen, 2012, www.otus.ch

Konzeption und Illustrationen: Eckhard Freytag
Text: Melanie Goldmann für twinbooks, München
Layout und Satz: Mathias Weil

ISBN: 978-3-03793-354-1